स्मरण शक्ति
एवं मानसिक क्षमता कैसे बढ़ाएं

(How to Develop Super Memory and Mental Fitness)

डॉ. संतोष कुमार गुप्ता
सहायक प्राध्यापक

मनोविज्ञान विभाग
शासकीय स्वशासी स्नातकोत्तर कन्या उत्कृष्टता महाविद्यालय
सागर (म.प्र.)

यूनीकॉर्न बुक्स

प्रकाशक
यूनीकॉर्न बुक्स

F-2/16, अंसारी रोड, दरियागंज, नई दिल्ली-110002
☎ 23275434, 23262683, 23250704 • Fax: 011-23257790
ई-मेल: info@unicornbooks.in • वेबसाइट: www.unicornbooks.in

शाखा : मुम्बई
23-25, जाओबा वाड़ी, ठाकुरद्वार, मुम्बई-401002
☎ 022-22010941, 022-22053387
ई-मेल: rapidex@bom5.vsnl.net.in

ISBN: 978-81-7806-112-2
स्मरण शक्ति एवं मानसिक क्षमता कैसे बढ़ाएं

संस्करण : 2016

मुद्रकः परम ऑफसेटर्स, ओखला, नई दिल्ली-110020

विषय-सूची

(Contents)

प्राक्कथन
(Preface)

हमारा ज्ञान, विज्ञान, तर्कशक्ति और चिंतन सभी तो स्मृति पर आधारित हैं। साधारण स्मरण-शक्ति वाला व्यक्ति उक्त सभी मानसिक प्रक्रियाओं में कमजोर होता है। मार्कट्वेन के अनुसार सभी व्यक्ति अपनी क्षीण स्मरण-शक्ति की चर्चा तो करते हैं, लेकिन उसमें वृद्धि कैसे की जाए, इसके लिए कोई कुछ नहीं करता है। महान दार्शनिक **प्लेटो** ने तो यहां तक कहा है कि **ज्ञान कुछ और नहीं बल्कि स्मृति ही है।** अतः बिना स्मृति के सब कुछ शून्य है।

कई व्यक्ति मुझसे अपनी स्मरण-शक्ति कमजोर होने की शिकायत करते हैं। वास्तव में कमजोर स्मृति जैसी कोई चीज नहीं होती है। हां, स्मृति को **अप्रशिक्षित** और **प्रशिक्षित स्मृति** में विभाजित कर सकते हैं। अप्रशिक्षित स्मृति वाले व्यक्ति का मस्तिष्क कंवाड़खाने जैसे होता है, जिसमें स्मरण की गई सामग्री अव्यवस्थित रहती है, और पुनः स्मरण की आवश्यकता पर सामग्री व्यक्ति के मस्तिष्क में उपलब्ध नहीं हो पाती है। जबकि प्रशिक्षित स्मृति युक्त व्यक्ति के मस्तिष्क में सामग्री उस पुस्तकालय की तरह व्यवस्थित होती है, जिसको कभी भी पुनः स्मरण के लिए उपलब्ध किया जा सकता है। प्रस्तुत पुस्तक इसी स्मृति-प्रशिक्षण

पर आधारित है। इसमें स्मरण विधियां और अध्ययन विधियां दी गई हैं। जिनके उपयोग से पाठक अपनी मानसिक क्षमता का अधिकतम उपयोग कर सफलता अर्जित कर सकेंगे।

पुस्तक पाठकों को सही दिशा देगी, कि वे क्या और कैसे पढ़ें? कितना और कब पढ़ें? अध्ययन में नोट्स कैसे बनाएं तथा पठन गति कब और कितनी रखें?

पाठकों को पुस्तक के अधिकतम उपयोग के लिए दी गई विधियों में विश्वास, उनका निरंतर अभ्यास और अध्ययन के दौरान उनका प्रयोग और पालन करना होगा। तभी पाठक और पुस्तक अपने लक्ष्य की प्राप्ति कर सकेंगे।

—डॉ. संतोष कुमार गुप्ता

1

अपनी स्मरण-शक्ति परखिए
(Test Your Memory)

इस अध्याय में कुछ परीक्षण (Tests) दिए जा रहे हैं। जिससे आप जान सकेंगे कि सामान्य एवं अप्रशिक्षित स्मृति द्वारा इनको स्मरण रखना असंभव तो नहीं, लेकिन मुश्किल जरूर है। पुस्तक के अध्ययन के दौरान आप पाएंगे कि जो परीक्षण यहां दिए जा रहे हैं, उन्हें स्मरण रखना आपके लिए कितना आसान हो जाएगा। आप पुस्तक के प्रत्येक अध्याय की उपयोगिता एवं अपनी स्मरण शक्ति में विकास स्पष्ट महसूस करेंगे।

परीक्षण 1

माना कि आप भारतीय इतिहास के विद्यार्थी हैं और मुगलकालीन शासक अकबर के शासनकाल की घटनाओं की तिथियां स्मरण करनी हैं। सोचिए, इन्हें याद रखने के लिए आप क्या तरीका अपनाते हैं:

1. अकबर का जन्म : 1542
2. अकबर का शासनकाल : 1556– 1605
3. सिंहासन पर बैठा : 1556

4. मालवा विजय : 1561
5. अकबर ने तीर्थ कर समाप्त किया : 1563
6. अकबर ने जजिया कर समाप्त किया : 1564
7. चित्तौड़ विजय : 1568
8. रणथम्भोर और कालिंजर विजय : 1569
9. फतेहपुर सीकरी का निर्माण : 1572
10. गुजरात विजय : 1572
11. हल्दी घाटी युद्ध : 1576
12. फतेहपुर सीकरी में इबादत खाने का निर्माण : 1578
13. अमोघत्व का आदेश : 1579
14. दीन–ए–इलाही का प्रारंभ : 1582
15. संग्रहणी अतिसार से मृत्यु : 1605

परीक्षण 2

मान लीजिए आपको दैनिक उपयोग के निम्नलिखित नंबर स्मरण रखने हैं। दस मिनट पढ़कर आप सादे कागज पर स्मृति के आधार पर लिखकर देखिए—

1. कुकिंग गैस उपभोक्ता नं. 613276
2. ड्राइविंग लाइसेंस नं. 538433
3. बीमा पालिसी नं. 340924836
4. भविष्य–निधि खाता नं. 55375
5. बैंकिंग सेविंग खाता नं. LF 116 8 A/C 16811
6. स्कूटर नं. MP 15A 3252
7. कार नं. CPW-9-D-2587

8. टेलीफोन नं. 237539

9. घरेलू डॉक्टर का फोन नं. 229699

10. रेलवे पूछताछ फोन नं. 131

11. बस स्टैण्ड फोन नं. 41357

परीक्षण 3

माना कि आप बाजार जा रहे हैं और आपको निम्नलिखित दस वस्तुएं बाजार से लानी हैं। तब आप कैसे स्मरण रखेंगे। लेकिन ध्यान रहे इसमें आपको यह भी स्मरण रखना है कि किस क्रम में कौन सी वस्तु सूची में है—

1. नारियल, 2. पंखा, 3. अगरबत्ती, 4. फ्राक, 5. सरौता, 6. जूता, 7. आलू, 8. सितार, 9. आइस्क्रीम, 10. कुर्सी।

परीक्षण 4

आप नीचे दी गई संख्या के 20 अंकों को पांच मिनट देखकर स्मरण करिए उसके बाद कागज कलम लेकर अंकों को उसी क्रम में लिखें— 83467254865323673845

परीक्षण 5

सूर्य के नौ ग्रह हैं। इनको पांच मिनट देखकर दिए गए क्रम में स्मरण करिए। उसके बाद कागज लेकर ग्रहों को उसी क्रम में लिखकर देखिए—

मरक्यूरी, वीनस, अर्थ, मार्स, जूपीटर, सेटर्न, यूरेनस, नेपचून और प्लूटो।

भुलक्कड़ पति को भूली हुई वस्तु याद दिलाने के लिए पूछा जाता था— पिछली बार आपने उसका इस्तेमाल कब किया था? और उन्हें याद आ जाता था।

एक बार बच्चों के सवाल हल करते हुए बोले— लगता है मेरा भेजा गुम हो गया है। पत्नी ने तपाक से पूछा, तो पिछली बार आपने उसका इस्तेमाल कब किया था?

☆ ☆ ☆

तीन महिलाएं अपने भुलक्कड़ होने का रोना रो रही थीं।

पहली— मैं फ्रिज के पास जाकर भूल जाती हूं कि कुछ रखने आई थी या निकालने। दूसरी— मैं सीढ़ियों के पास रुककर सोचने लगती हूं कि मुझे ऊपर जाना है या मैं नीचे आई हूं। तीसरी— मुझे ऐसा कोई भ्रम नहीं होता, कहते हुए मेज थपथपाने लगी। फिर बोली— देखूं कोई दरवाजा थपथपा रहा है।

2

आपके दिमाग में अपार क्षमता है
(Your Brain has Enormous Capacity)

"Strength of mind is exercise, not rest"

—Alexander Pope

हमारा मस्तिष्क दुनिया में विकसित किसी भी सुपर कंप्यूटर से कम नहीं है। इसको प्रमाणित किया है भारत के 23 वर्षीय श्रीनिवास महादेवन ने। उन्होंने बंगलोर में 3 घंटे 49 मिनट में अपनी स्मरण शक्ति के आधार पर π(22/7) के 31811 मान तक दाशमिक वर्तनी सुनाई। श्रीनिवास महादेवन अपनी याद करने की क्षमता का रहस्य बताते हैं कि वे अंकों को वास्तविक जीवन की घटनाओं आदि से साहचर्य कर अंकों का सही क्रम स्मरण रखते हैं।

इसी प्रकार भारत की मानव कंप्यूटर कही जाने वाली श्रीमती शकुंतला देवी ने 18 जून 1980 को लंदन के इंपीरियल कॉलेज के कंप्यूटर विभाग में अचानक दी गई 13 अंकों वाली दो संख्याओं 7, 860, 369, 774, 870 × 2, 465, 900, 745, 779 का मौखिक गुणा 28 सेकंड में करके दिखाया।

मानव मस्तिष्क कपाल अस्थियों के कवच में सुरक्षित रहता है। संरचना एवं कार्य के आधार पर इसे दो भागों में विभाजित

कर सकते हैं— बायां मस्तिष्क एवं दाहिना मस्तिष्क। मस्तिष्क के दो भाग कारपस केलोसम से जुड़े होते हैं तथा सूचना का आपस में आदान-प्रदान इसके माध्यम से करते हैं। मस्तिष्क जिन कोशिकाओं से बना होता है, उन्हें न्यूरॉन कहते हैं। एक मस्तिष्क में औसतन 1500 करोड़ न्यूरॉन होते हैं।

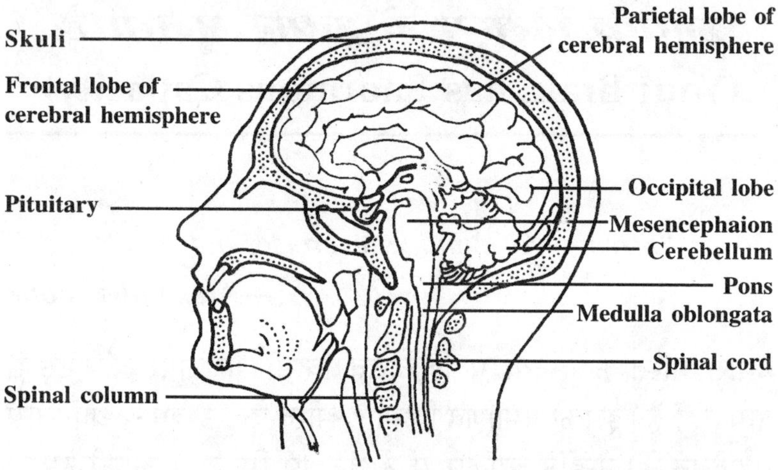

चित्र : कपाल (Skull) में सुरक्षित मस्तिष्क एवं स्पाइनल कॉर्ड

मस्तिष्क शोध पर नोबल पुरस्कार प्राप्त करने वाले डॉ. स्पेरी के अनुसार बायां मस्तिष्क भाषा, शब्द, भाषण तथा तार्किक शक्ति को संचालित करता है। जबकि दाहिना मस्तिष्क सृजनात्मक क्षमता, रंग, चित्र तथा कल्पना शक्ति को संचालित करता है।

आपको यह जानकर आश्चर्य होगा कि हम अपनी मस्तिष्क क्षमता के 10 प्रतिशत का ही उपयोग कर पाते हैं। जबकि हमारे मस्तिष्क की 90 प्रतिशत क्षमता अप्रयुक्त रह जाती है। विश्व के अब तक के सबसे बुद्धिमान व्यक्तियों में महान लियोनार्दो दी विन्सी माने जाते हैं, जिनकी बुद्धिलब्धि अधिकतम 200 बिंदु में

से 180 थी। विश्व के महानतम वैज्ञानिक अलबर्ट आइंस्टीन भी अपनी मानसिक क्षमता का मात्र 33 प्रतिशत उपयोग कर सके थे।

सामान्यत: ऐसी धारणा है कि एक निश्चित उम्र के बाद उम्र बढ़ने के साथ-साथ बुद्धिलब्धि (आई क्यू) या मानसिक क्षमता कम होती जाती है, परंतु ऐसा नहीं है, अच्छे एवं पोषक आहार से 80 से 90 साल तक बुद्धिलब्धि यथावत् रखी जा सकती है।

बचपन में हम मस्तिष्क के दोनों भागों का बराबर उपयोग करते हैं, लेकिन शिक्षा के दौरान ऐसे कार्य कराए जाते हैं, जिससे सिर्फ बाएं मस्तिष्क का उपयोग ही हो पाता है। जबकि दाहिने मस्तिष्क का उपयोग बहुत कम होता है। इसलिए शिक्षा इस प्रकार दी जानी चाहिए जिससे दोनों मस्तिष्क का बराबर उपयोग हो सके। यह प्रमाणित है कि मस्तिष्क क्षमता के अधिकतम उपयोग के लिए दोनों मस्तिष्क का एक समान क्रियाशील होना आवश्यक है।

मस्तिष्क की देखभाल कैसे करें (How to Look After the Brain)

दो पहिया मोटर वाहन पर यात्रा करते समय दुर्घटना होने पर ऐसा देखा गया है कि व्यक्ति का सिर सबसे पहले व सबसे ज्यादा क्षतिग्रस्त होता है। सिर और मस्तिष्क को सुरक्षित रखने के लिए हेलमेट का पहनना बहुत जरूरी है।

योग क्रिया करते समय कई लोग शीर्षासन अधिक देर तक करते हैं जो हानिकारक हो सकता है। बगैर विशेषज्ञ की सलाह के शीर्षासन न करें। अकसर देखा गया है कि कई लोग गर्दन को झटके से दाएं या बाएं करके चटकाने की कोशिश करते हैं।

ऐसा करने का परिणाम भयानक हो सकता है, क्योंकि जिस बिंदु पर गर्दन चटकती है वहां खोपड़ी एवं रीढ़ की हड्डी का जोड़ होता है और जिसके अंदर मस्तिष्क एवं स्पॉइनल कॉर्ड का संबंध होता है। झटके से गर्दन चटकाने पर उनको नुकसान पहुंच सकता है।

हमारा मस्तिष्क शरीर द्वारा प्रयुक्त आक्सीजन के 25 प्रतिशत भाग का उपयोग करता है। अतः वायु प्रदूषण विशेषकर वाहनों एवं उद्योगों के धुएं से उत्पन्न प्रदूषण मस्तिष्क के लिए नुकसानदायक होता है। इसलिए दैनिक कार्य में ऐसे मार्गों का उपयोग करें जिन पर कम वायु प्रदूषण हो। ताजी हवा सेवन करें।

सिर एवं कान को अधिक गर्मी या सर्दी में कैप (टोपी), स्कार्फ, मफलर या तौलिया से बचाकर रखें। शरीर के तापमान एवं वातावरण के तापमान में अधिक अंतर होने से मस्तिष्क की कोशिकाओं की कार्यक्षमता पर विपरीत असर हो सकता है।

मादक पदार्थों के सेवन से मानसिक एवं शारीरिक विकार होने की संभावना रहती है। क्योंकि मादक पदार्थ मस्तिष्क कोशिकाओं पर हानिकारक प्रभाव डालते हैं, इसलिए मादक पदार्थों का प्रयोग न करें।

मस्तिष्क पर विपरीत असर डालने वाले मनोवैज्ञानिक कारण तनाव, हताशा, क्रोध, ईर्ष्या, विद्वेष और कुंठा हैं। इनसे बचने की कोशिश करें। यदि आवश्यक समझें तो इस संबंध में किसी मनोवैज्ञानिक या मनोचिकित्सक की सलाह लें।

आंखों की जांच भी समय-समय पर नेत्र विशेषज्ञों से कराई जाए।

मस्तिष्क एवं शरीर को स्वस्थ रखने के लिए गहरी एवं पर्याप्त नींद लेना आवश्यक है। गहरी नींद का एक चक्र 90 मिनट का होता है। जिसमें व्यक्ति गहरी नींद में सोया रहता है और सपने देखता है। जिसमें आंखों की पुतली पलकों के अंदर गति कर रही होती हैं। इस स्थिति को **त्वरित नेत्र संचरण** (Rapid Eye Movement) कहते हैं। इस चक्र के पूरे होते ही व्यक्ति उथली नींद में आता है तथा पुतली की गति बंद हो जाती है। कुछ समय बाद वह पुनः गहरी नींद में चला जाता है। 24 घंटे में साउंड स्लीप के 2-3 चक्र व्यक्ति को तरोताजा होने के लिए आवश्यक हैं। गहरी नींद के लिए निम्नलिखित बिंदुओं का ध्यान रखें—

1. सोने वाला कमरा हवादार व शांत हो।
2. बिस्तर व्यक्ति के लंबाई के मुताबिक, आरामदेह हो एवं एक ही मुलायम तकिए का इस्तेमाल करें। यदि मच्छर हों तो मच्छरदानी का प्रयोग अत्यंत आवश्यक है।
3. सोते समय ढीले कपड़े पहनें, जहां तक संभव हो सूती वस्त्रों का उपयोग करें।
4. सोने का एक निर्धारित समय होना चाहिए।
5. सोने से पहले चाय या काफी न लें। धूम्रपान कतई न करें।
6. सोने के पूर्व दांत-ब्रश करें एवं हाथ पैर धोएं जिससे जल्दी नींद आएगी।
7. सोने से एक घंटा पूर्व सभी कार्य, बातचीत, चिंतन आदि समापन की स्थिति में होना चाहिए, क्योंकि उक्त कार्य अपूर्ण होने की स्थिति में आप उस पर विचार करेंगे और नींद आने में विलंब होगा।

अपनी मानसिक क्षमता का विकास करें (Develop your Mental Capacity)

यहां ऐसी विश्व प्रसिद्ध तकनीक दी जा रही है जिससे अपनी मानसिक क्षमता का विकास कर सकते हैं।

चित्र प्रवाह तकनीक (Image Streaming Technique)

इस तकनीक का विकास प्रो. बेंगर ने किया है। चित्र प्रवाह तकनीक द्वारा आप अपनी मानसिक क्षमता विशेषतः कल्पना शक्ति, चिंतन एवं बुद्धिलब्धि (आई क्यू) में वृद्धि कर सकते हैं। आपको विदित है कि वयस्क अवस्था में दाहिने मस्तिष्क का उपयोग कम हो जाता है और बाएं मस्तिष्क का अत्यधिक उपयोग होता है। इस तकनीक के द्वारा दाहिने और बाएं मस्तिष्क में समन्वय स्थापित किया जा सकता है।

इस तकनीक हेतु आपको टेपरिकॉर्डर, खाली कैसेट की आवश्यकता होगी।

चित्र प्रवाह तकनीक का निम्नलिखित क्रम होगा। अतः आरंभ करने से पहले सारे निर्देश अच्छी तरह समझ लें।

1. एक खाली कैसेट एवं टेपरिकॉर्डर लें।
2. आरामदायक कुर्सी (ईजी चेयर) पर पीछे सिर करके अधलेटी स्थिति में आप अपने पैर सामने फैलाकर धीरे से स्टूल पर रखें।
3. अपने दाहिने सिराहने की तरफ टेपरिकॉर्डर रख लें तथा खाली कैसेट लगा लें।

4. आंखें बंद करें। अब गहरी, एक समान श्वास लेना प्रारंभ करें। ऐसा 3 मिनट तक करने पर आप महसूस करेंगे कि आपके मस्तिष्क में कल्पना चित्रों का निर्माण हो रहा है जैसे बाग-बगीचे, शहर का कोई बाजार, कॉलेज इत्यादि।

अब टेपरिकॉर्डर की रिकॉर्डिंग चालू कर दें। अपने मस्तिष्क में आने वाले कल्पना चित्रों का वर्णन करना आरंभ कीजिए। उनके रंग, सुंदरता या जो भी आप महसूस करते हैं सभी का विवरण धारा प्रवाह बोलते जाइए। उससे संबंधित कोई भी छोटी-बड़ी बात जो कल्पना द्वारा मस्तिष्क में चित्रों का रूप धारण करती है, उसको बोलिए और सोचना जारी रखिए। यह क्रिया प्रतिदिन 10-15 मिनट करें। निरंतर अभ्यास करने से आप पाएंगे कि आपकी कल्पना-शक्ति, स्मृति, बुद्धिलब्धि, चिंतन एवं विचार शक्ति में आश्चर्यजनक वृद्धि हो रही है। कैसेट को कभी-कभी सुनकर अगले अभ्यास में कल्पनाओं को और अधिक विस्तार दें।

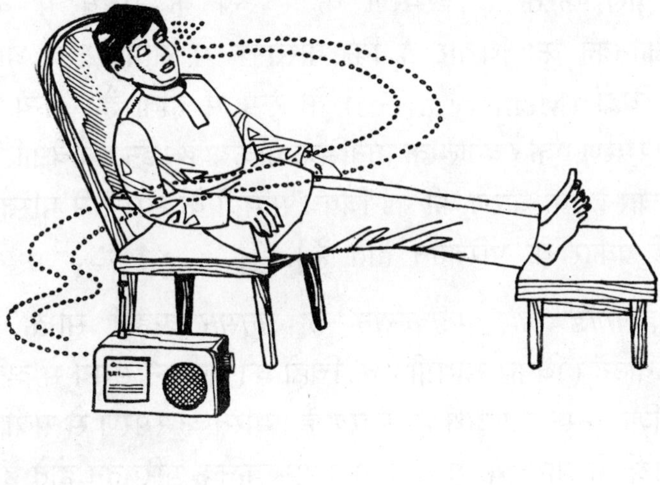

3

स्मरण-शक्ति क्या है?
(What is Memory?)

"स्मरण-शक्ति एक ऐसी डायरी है
जो सदैव हमारे पास रहती है।"

—आस्कर वाइल्ड

स्मरण एक प्रकार की मानसिक प्रक्रिया है। जिसमें व्यक्ति धारण की गई विषय सामग्री को पुन: स्मरण कर चेतना में लाकर पहचानने का प्रयास करता है। स्मरण के स्वरूप के संबंध में कुछ मनोवैज्ञानिकों का विचार है कि मस्तिष्क में सामग्री का धारण स्मृति चिह्नों (Memory traces) के रूप में होता है। अन्य का मत है, स्मरण एक रचनात्मक मानसिक प्रक्रिया है। इन मनोवैज्ञानिकों का विचार है कि धारण की गई विषय सामग्री के स्मरण में मस्तिष्क में कई प्रकार के परिवर्तन होते हैं।

हिलगार्ड और एटकिन्सन के अनुसार, पहले सीखी गई अनुक्रियाओं (विषय सामग्री) के चिह्नों को वर्तमान समय में व्यक्त या प्रदर्शित करने का अर्थ ही स्मरण है। मस्तिष्क स्मरण से संबंधित प्रक्रियाओं में मस्तिष्क में क्या-क्या रासायनिक परिवर्तन होते हैं—इस दिशा में अनेक प्रयोग किए गए। गेस्टाल्ट ने बिल्ली पर किए

प्रयोग के आधार पर यह निष्कर्ष निकाला कि किसी तथ्य के पुनः स्मरण में मस्तिष्क तरंगें मस्तिष्क के किसी एक क्षेत्र विशेष से संबंधित न होकर इस अवस्था में मस्तिष्क तरंगों का संबंध मस्तिष्क के विभिन्न मार्गों से होता है। मैक्कौनेल और उनके सहयोगियों ने अपने प्रयोगात्मक अध्ययनों के आधार पर यह निष्कर्ष निकाला कि तथ्यों की स्मृति प्रक्रिया में संबंधित स्नायुकोषों के न्यूक्लीयशस में आर.एन.ए. (Ribonucleic acid) में महत्त्वपूर्ण रासायनिक परिवर्तन होते हैं।

मानव स्मृति एक एकल अवस्था नहीं है। वास्तव में मानव स्मृति की अलग-अलग अवस्थाएं होती हैं। प्रत्येक अवस्था दूसरी अवस्था के साथ जुड़ी होते हुए भी अपनी पहचान रखती है। मनोवैज्ञानिकों ने स्मृति की तीन अवस्थाओं का पता लगाया है। इन्हें क्रमशः सांवेदिक स्मृति (Sensory Memory), अल्पकालिक स्मृति (Short-term Memory) एवं दीर्घकालिक स्मृति (Long-term Memory) कहते हैं। सांवेदिक स्मृति वस्तुतः स्मृति की प्राथमिक अवस्था है। सांवेदिक भंडार में सूचनाएं कुछ क्षण के लिए ही संचित रहती हैं और कुछ क्षणों में ही उनका भंडार समाप्त हो जाता है। इसलिए इसे क्षणिक स्मृति माना जाता है। अल्पकालिक स्मृति दूसरी अवस्था है। इस अवस्था में सूचनाओं का भंडारण 30 सेकंड तक बना रहता है। जैसे व्यन्ति दूरसंचार निर्देशिका (Telephone Directory) में से किसी का टे.तीफोन नंबर देखता है, फिर उस व्यक्ति को फोन डायल करता है, फोन नहीं मिलता। दूसरी बार डायल करने के प्रयास के दौरान वह पाता है कि वह टेलीफोन नंबर भूल गया है और उसे पुनः दूरसंचार निर्देशिका में देखना पड़ता है। इसी प्रकार किसी पार्टी या प्रीतिभोज में व्यक्ति का परिचय किसी अन्य व्यक्ति से कराया जाता है। व्यक्ति उसके

नाम को सुनता है। उससे हाथ मिलाता है और कुछ सेकंड में ही उसका नाम भूल जाता है। ये दोनों उदाहरण अल्पकालिक स्मृति के हैं।

दीर्घकालिक स्मृति किसी सूचना अथवा अनुभव की हुई घटना का वह पुनः स्मरण (Recall) तथा प्रयावहन (Recognition) है, जो स्मृतिगत अथवा सीख लेने के बाद कई मिनट या कई घंटों या कई दिनों अथवा वर्षों के बाद होती है। यदि कोई व्यक्ति नाश्ता करके घर से निकलने के बाद अपने मित्र को बताता है कि उसने क्या नाश्ता किया, विश्वविद्यालय से आने के बाद कोई बताता है कि उसे गणित पढ़ाने वाले प्राध्यापक का क्या नाम है अथवा कोई व्यक्ति अपने बचपन के अनुभवों को सुनाता है तो स्पष्ट है कि इन तीनों दिशाओं में वह दीर्घकालिक स्मृति का उपयोग कर रहा होता है। दीर्घकालिक स्मृति की अवधि कुछ मिनट से लेकर अनेक वर्षों की होती है।

दीर्घकालिक स्मृति का मूलभूत आधार अभ्यास (Rehearsal) तथा अल्पकालिक स्मृति में संचित सूचना है क्योंकि अभ्यास के द्वारा दीर्घकालिक स्मृति में संचित करने का प्रयत्न होता है। यह अभ्यास दो प्रकार का होता है। अनुरक्षण अभ्यास (Maintenance Rehearsal) और दूसरा है व्यापक अभ्यास (Elaborate Rehearsal)। सूचना को ज्यों का त्यों अल्पकालिक स्मृति में बनाए रखने के लिए अनुरक्षण अभ्यास किया जाता है। उदाहरण के लिए किसी का टेलीफोन नंबर व्यक्ति कुछ देर तक अपने मन में ज्यों का त्यों बनाए रखने के लिए दोहराता रहता है। कुछ देर बाद वह नंबर भूल जाता है। वस्तुतः इस प्रकार का अभ्यास यांत्रिक या सहज क्रियात्मक (Reflex) होता है। इस तरह के अभ्यास से दीर्घकालिक स्मृति का आधार नहीं बनता। इसके लिए व्यापक अभ्यास अधिक प्रभावशाली होता है। इस प्रकार के अभ्यास में व्यक्ति अल्पकालिक स्मृति में संचित सूचना को उसके अर्थ, अभिप्राय अथवा उसके साहचर्य के पदों में दोहराता है। इस प्रकार के अभ्यास से दीर्घकालिक स्मृति का आधार बनता है।

स्मृति में सूचनाओं का भंडारण कूट संकेतन (Encoding) प्रकार से होता है। पहले प्रकार का कूट संकेतन सांवेदिक प्रतीकों (Sensory Images) के पदों में और दूसरे प्रकार का कूट संकेतन शब्दार्थ भावार्थ के रूप में, इसी के परिणाम स्वरूप दीर्घकालिक स्मृति के दो रूप होते हैं। एक स्मृति का (Memory) और दूसरा जानकारी का ज्ञान (Knowledge)। किसी अखबार में किसी समाचार को पढ़कर हमें सूचना की स्मृति कम या अधिक उसी शब्दावली में होती है। टुलविग (1972) ने इसे घटनात्मक स्मृति (Episodic Memory) का नाम दिया है। व्यक्ति के व्यक्तिगत अनुभव घटनात्मक स्मृति के अंतर्गत आते हैं। ये स्मृतियां काल

और स्थान से बंधी होती हैं। इसमें आत्मकथात्मक घटनाओं का समावेश होता है। इसके विपरीत दीर्घकालिक स्मृति शब्दार्थिक (Semantic) होती है। शब्दार्थिक स्मृति में व्यक्ति के मन या मस्तिष्क के अंदर जगत् के संबंध में संगठित ज्ञान का संचय होता है। इसके अंतर्गत व्यक्ति के शब्द भंडार और उनके उपयोग का ढंग सम्मिलित होता है। शब्दार्थिक स्मृति तथ्यों, नियमों, सिद्धांतों और व्यक्ति के व्यपदेशों (Strategies) का भंडार है।

हम क्यों भूलते हैं (Why do We Forget)

स्मरण और विस्मरण एक सिक्के के दो पहलू हैं। व्यक्ति जितनी सामग्री पढ़ता है, स्मृति में वह उतनी धारण नहीं कर पाता और स्मृति में जितनी भंडारित रखता है उसे पुनः स्मरण (Recall) नहीं कर पाता है। अतः विस्मरण का अर्थ सामग्री को मस्तिष्क में धारण में असफलता या मस्तिष्क में धारित सामग्री के पुनः स्मरण में असफलता है।

विस्मरण के क्षेत्र में एबिंगहास ने संभवतः सर्वप्रथम प्रयोगात्मक अध्ययन प्रारंभ किए। उनके अनुसार विस्मरण एक प्रकार की निष्क्रिय मानसिक प्रक्रिया है। उन्होंने अध्ययनों के आधार पर बताया कि धारित सामग्री के पुनः स्मरण के बीच जितना समय अधिक होगा, विस्मरण भी उतना ही अधिक होगा। विस्मरण के संबंध में एबिंगहास के कुछ परिणाम इस प्रकार हैं—

20 मिनट के बाद धारित सामग्री का लगभग 47 प्रतिशत विस्मरण होता है।

60 मिनट के बाद धारित सामग्री का लगभग 53 प्रतिशत विस्मरण होता है।

9 घंटे के बाद धारित सामग्री का लगभग 56 प्रतिशत विस्मरण होता है।

24 घंटे के बाद धारित सामग्री का लगभग 66 प्रतिशत विस्मरण होता है।

48 घंटे के बाद धारित सामग्री का लगभग 72 प्रतिशत विस्मरण होता है।

1 सप्ताह के बाद धारित सामग्री का लगभग 75 प्रतिशत विस्मरण होता है।

1 माह के बाद धारित सामग्री का लगभग 79 प्रतिशत विस्मरण होता है।

अतः मनोवैज्ञानिक प्रयोगों के आधार पर हम कह सकते हैं कि अध्ययन की गई सामग्री की जितनी मात्रा हम मस्तिष्क में धारित करते हैं, उसकी 66 प्रतिशत सामग्री एक दिन में विस्मरण हो जाती है। अर्थात् धारित सामग्री की 34 प्रतिशत मात्रा ही स्मरण रहती है।

- विस्मरण रोकने के लिए आवश्यकता है कि अध्ययन सामग्री को बार-बार दोहराया जाए।
- प्रयोगों से पता चला है कि विचारों, चित्रों, रेखाचित्रों का विस्मरण सबसे कम होता है। अतः स्मरण की जा रही सामग्री को विचारों (Thoughts), कल्पना (Imagination), चित्रों (Diagrams) एवं रेखाचित्र (Line Diagram) के माध्यम से मस्तिष्क में धारण करें।

आदत स्मरण शक्ति (Habit Memory)

एक ही तरह का कार्य निरंतर करने से अभ्यास के कारण हर क्रिया आदत में शुमार हो जाती है। उदाहरण के लिए टेलीफोन एक्सचेंज के कर्मचारी को शहर के अधिकांश टेलीफोन नंबर

अत्यधिक उपयोग में आने के कारण ऐसे प्रतीत होते हैं, जैसे टेलीफोन नं. मस्तिष्क में न होकर डायल करने वाले की उंगलियों में धारित हों। मेरा टाइपिस्ट जब कुछ टाइप कर रहा होता है तब किसी अंग्रेजी शब्द की स्पेलिंग नहीं बतला सकता, लेकिन उसकी उंगलियां उस शब्द की सही स्पेलिंग ही टाइप करेंगी। है न आश्चर्य की बात! अतः आप समझ गए होंगे कि यदि एक महत्त्वपूर्ण सामग्री को स्मरण रखना है तो कुछ समय देकर उसका अत्यधिक अभ्यास करने से उसमें प्रवीणता हासिल कर सकते हैं।

छाया-चित्र स्मृति (Photo Graphic Memory)

मनोवैज्ञानिक प्रयोगों से यह प्रमाणित हो चुका है कि बच्चों में छाया-चित्र स्मरण-शक्ति होती है। कोई दृश्य या घटना उनके मस्तिष्क में फोटो कैमरा के समान कैद हो जाती है। किसी 8-10 साल के बच्चे ने हाल ही में कोई फिल्म देखी हो तो उसकी कहानी आप बच्चे से पूछिए। बच्चा जब कहानी सुना रहा होता है तब उसके चेहरे के हावभाव का अध्ययन कीजिए। आप आश्चर्यचकित होंगे कि उसके हावभाव ऐसे परिवर्तित होते दिखेंगे जैसे उसके सामने फिल्म चल रही हो। विशेष ध्यान उस समय दीजिए जब बच्चा फिल्म की कहानी के किसी मारधाड़ वाले दृश्य का वर्णन कर रहा हो। बच्चा ठीक उसी प्रकार हाथ पैर चलाकर दृश्य पुनः उपस्थित कर देता है। लेकिन जैसे-जैसे बच्चा बड़ा होना आरंभ कर देता है। उसकी छाया-चित्र स्मरण-शक्ति क्षीण होने लगती है या यूं कहें कि भाषा, गणित तथा खेल इत्यादि में उसके ध्यान और एकाग्रचित्तता से उसकी कल्पना-शक्ति के उपयोग करने में कमी आ जाती है।

अब आप थोड़ा अपने स्वयं के बचपन के बारे में सोचना आरंभ करिए, आप महसूस करेंगे कि आपको बचपन की कई घटनाएं आज भी याद हैं। जैसे उनकी फिल्म चला दी गई और आपके मानस पटल पर बचपन के दृश्य चल-चित्र की तरह प्रोजेक्ट किए जा रहे हों। आज भी कोई अत्यंत करुण, हृदय-विदारक, रोमांचकारी, भय या उल्लास का दृश्य आपके दिमाग में ठीक उसी प्रकार उपस्थित रहता है। ऐसा क्यों? ऐसा इसलिए होता है कि उक्त भाव दिमाग में अत्यंत प्रभावोत्पादक एवं उत्तेजित करने वाले होते हैं। अचानक किसी वाहन की दुर्घटना से मृत व्यक्ति का दृश्य बहुत दिनों तक बार-बार दिमाग में पुनः स्मरण हो उठता है।

मानसिक व्यायाम : अंग्रेजी कथनों,
मुहावरों के समान अर्थों के कथन ढूंढ़ें जैसे—

अंग्रेजी कथन *'Sky is the limit'* हिंदी साहित्य में जयशंकर प्रसाद ने इसी को निम्नानुसार कहा है :

इस जीवन का लक्ष्य नहीं है, श्रांतभवन में टिक रहना।
किंतु पहुंचना उस सीमा तक, जिसके आगे राह न हो॥

अंग्रेजी कथन *'The God is in details'* हिंदी साहित्य में कबीर ने कहा है :

जिन खोजा तिन पाइयां, गहरे पानी पैठि।
जो बौरा डूबन डरा, रहा किनारे बैठि॥

4

अध्ययन, स्मरण-शक्ति और सफलता
(Study, Memory and Success)

सकल पदारथ है जग माहीं। करम हीन नर पावत नांही॥

—गोस्वामी तुलसीदास

अधिकांशतः ऐसा देखा गया है कि प्रतियोगी परीक्षा में बैठने वाले विद्यार्थियों का प्रयास होता है कि अधिक से अधिक पढ़कर अधिकतम तथ्य, आंकड़े और विषय सामग्री याद कर लें। प्रतियोगी परीक्षाओं में सफलता हेतु ऐसा अत्यंत आवश्यक भी है, लेकिन वे शायद यह भूल जाते हैं कि सफलता के लिए व्यवस्थित एवं वैज्ञानिक अध्ययन (Systematic & Scientific Study) आवश्यक है।

याद रखने के लिए स्मृति विधियों (Memory Techniques) की सहायता एवं अच्छा समय प्रबंधन (Time Management) भी बहुत जरूरी है।

प्रस्तुत अध्याय में कुछ महत्त्वपूर्ण बिंदु (Tips) दिए जा रहे हैं, जो मनोवैज्ञानिक प्रयोगों पर आधारित हैं। इनका अनुसरण करने पर निश्चित लाभ होगा।

अध्ययन के समय क्या करें? (What to Do During Study?)

- ❖ अध्ययन कक्ष साफ-सुथरा, शांत और हवादार (Ventilated) होना चाहिए।
- ❖ अध्ययन सुविधाजनक कुर्सी पर बैठकर कुछ आगे टेबल की ओर झुककर करना चाहिए। लेकिन पुस्तक से आंख की दूरी 12 इंच अवश्य होनी चाहिए।
- ❖ रात में अध्ययन के समय टेबल लैंप या इस प्रकार लाइट का प्रयोग किया जाए कि प्रकाश पढ़ने वाले के पीछे से या बाईं ओर से पुस्तक पर पड़े।
- ❖ ध्यान रखें कि बिस्तर का उपयोग सिर्फ सोने के लिए किया जाए। बिस्तर पर लेटकर न पढ़ें।
- ❖ अध्ययन के दौरान एक घंटे बाद 5 मिनट का विश्राम लें। इसके लिए आंखें बंद करके उन पर अपनी हथेलियां रख लीजिए। इसे पामिंग करना कहते हैं।
- ❖ 24 घंटे में न्यूनतम 6 घंटे नींद लेना आवश्यक है। अधिकतम 8 घंटे नींद ली जा सकती है। दोपहर में 1–2 घंटे नींद लेना भी लाभप्रद है।
- ❖ अधिक अध्ययन या अन्य किसी वजह से यदि आंखें थक गई हों, तब स्वच्छ जल से उन्हें धो लें।
- ❖ यदि आप अध्ययन के दौरान थकान अनुभव करते हैं, तब अपनी रुचि और मौसम के अनुसार चाय, कॉफी, दूध, शर्बत, नीबू की शिकंजी, फलों का रस या ग्लूकोज का प्रयोग करें।

- परीक्षा के दिनों में खेल, दौड़ या अन्य थकाने वाली कसरत की जगह 10–15 मिनट खाली कमरे या मकान की छत पर योगा (Yoga) या हलका व्यायाम करें। 15–30 मिनट सूर्योदय के समय टहल भी सकते हैं।
- परीक्षा के समय आप किसी फिजीशियन की सलाह पर जनरल हेल्थ टानिक एवं मल्टी विटामिंस की गोलियों का सेवन करें, जिससे शारीरिक और मानसिक क्षमता बढ़े, क्योंकि स्वस्थ शरीर में ही स्वस्थ मस्तिष्क निवास करता है। साथ ही ऐसा करने से आपकी बुद्धिलब्धि (आई क्यू) में 10 पाइंट की तात्कालिक एवं स्थायी वृद्धि संभव हो सकेगी।

अध्ययन के समय क्या न करें (What Not to Do During Study?)

- प्रतियोगी परीक्षा की तैयारी के दौरान मित्रों से अनावश्यक वाद–विवाद में न पड़ें। इस प्रकार के वाद–विवाद से ऊर्जा की हानि, क्रोध, तनाव एवं ईर्ष्या से उत्पन्न आवेग मस्तिष्क में थकान पैदा करते हैं।

- अध्ययन के बीच विश्राम के वक्त बिस्तर प्रयोग न करें, क्योंकि ऐसा करने से नींद आने का खतरा बना रहता है।
- विद्यार्थी अकसर पढ़ते वक्त तरोताजा होने के लिए अपने मित्रों से चर्चा करने लगते हैं और बातों-बातों में 2-3 घंटे बर्बाद हो जाते हैं।

अध्ययन तकनीक (Study Techniques)

- अध्ययन में अभ्यास (Exercise) का अत्यंत महत्त्व होता है। निरंतर अभ्यास से कोई भी क्रिया आदत (Habit) में परिवर्तित हो जाती है, जिससे मानसिक ऊर्जा की बचत होती है। जैसे—जब आप साइकिल सीख रहे होते हैं, तो साइकिल के संतुलन और हैंडिल पर नियंत्रण और पैडल चलाने पर एक साथ ध्यान देना होता है। लेकिन निरंतर अभ्यास से जब आप साइकिल चलाना सीख जाते हैं, तब उक्त तीनों क्रियाएं स्वत: नियमित हो जाती हैं। निरंतर अभ्यास के संबंध में महाकवि तुलसीदास ने कहा है—

  करत करत अभ्यास के, जड़मति होत सुजान।
  रसरी आवत जात तें, सिल पर परत निसान॥

  इसी प्रकार अब तक श्रेष्ठ वक्ताओं में आपने अमेरिका के प्रसिद्ध राष्ट्रपति फ्रेंकलिन रुजवेल्ट का नाम सुना होगा। वे अपने जीवन के प्रारंभिक दिनों में अत्यंत शर्मीले एवं बोलने में हकलाते थे। निरंतर अभ्यास और दृढ़ इच्छा-शक्ति से वे सफलतम वक्ता बने।
- विषय को रटने की अपेक्षा समझने की कोशिश करें। हालांकि अध्ययन विधियों में रटना परीक्षा में अच्छे अंक प्राप्त करने

की महत्त्वपूर्ण और आसान विधि रही है। लेकिन प्रतियोगी परीक्षाओं में अब विश्लेषणात्मक (Analytical) और संश्लेषणात्मक (Synthetical) प्रश्नों के कारण अध्ययन की अन्य विधियों का अधिक उपयोग होता है। अतः जो सामग्री पढ़ रहे हों, उसका कल्पना शक्ति द्वारा मस्तिष्क में चित्रांकन करने की कोशिश करें। जैसे यदि आप देश में गरीबी विषय पर पढ़ रहे हों, तब आपके मस्तिष्क में झोपड़पट्टी (Slums) के छोटे-छोटे गंदे घर और अधनंगे बच्चों के चित्र उभर आना चाहिए। अर्थात् पढ़े जा रहे विषय को महसूस (Feel) एवं मानसिक स्पर्श (Mental touch) करने की कोशिश करनी चाहिए।

- ❖ अध्ययन में पढ़ने की गति सामान्यतः एक मिनट में 300-350 शब्द या इससे अधिक होनी चाहिए। ध्यान रहे कई बार पढ़ते समय अचानक दृष्टि किसी शब्द पर (Fix) हो जाती है और अनजाने में आप कई मिनट तक किसी और विषय पर सोचने लगते हैं। ऐसी आदत से बचें।

अध्ययन विधियां (Study Methods)

- ❖ जो विषय आपको कठिन और अरुचिकर लगते हैं, लेकिन परीक्षा की दृष्टि से उन्हें पढ़ना आवश्यक है। तब उनकी विषय सामग्री को हिस्सों में बांटकर कुछ-कुछ समय के अंतराल से पढ़ें।
- ❖ रुचिकर एवं सरल विषयों को एक बैठक में जितनी अधिक मात्रा में पढ़ सकें उतना लाभप्रद होगा। उदाहरण के लिए इतिहास विषय में आपकी रुचि है तो पूरा मुगलकाल या राजपूतकाल एक बार में पढ़ें।

- अध्ययन के समय क्या? क्यों? कब? कौन? कहां और कैसे? का जवाब मिलना चाहिए। जैसे इतिहास में कुछ मुगल बादशाहों ने जजिया कर लगाया था। इस संदर्भ में जजिया कर क्यों लगाया गया? जजिया कर कैसे वसूला जाता था? यह कर कब-कब लगाया गया, कौन वसूलता था तथा कहां जमा किया जाता था? आदि।
- नोट्स तैयार करते समय संक्षिप्तीकरण विधि (Abbreviation Method) का प्रयोग करें इसके लिए अध्याय के पूरे पैराग्राफ से ऐसा कुंजी शब्द (Key word) या वाक्य निकालें कि उसका स्मरण होते ही पूरा पैराग्राफ मस्तिष्क में याद हो उठे। उसके बाद सभी पैराग्राफ के कुंजी-शब्दों से प्रथम अक्षर लेकर कुंजी-सूत्र बना लें। जैसे भौतिक शास्त्र के विद्यार्थी कुंजी-सूत्र, बैनीआहपीनाला '(VIBGYOR)', से प्रकाश के विभिन्न सात रंग आसानी से स्मरण रखते हैं। इसी प्रकार हिंदी विषय में किसी विस्तृत विवरण या सविस्तार व्याख्या से संक्षेपण (Precis) लिख सकते हैं।
- विस्तृतीकरण विधि (Elaboration Method) यह संक्षिप्तीकरण विधि की विपरीत प्रक्रिया है। इसमें कुंजी सूत्र से पूरा पैराग्राफ या निबंध विकसित किया जा सकता है। चिंतन (Thinking) और याद किए गए तथ्यों को मस्तिष्क से पुनः स्मरण (Recall) कर उन्हें संश्लेषित (Syntheses) किया जाता है। अभ्यास के लिए कुंजी-वाक्य **ये पहाड़ी, पैर क्या चढ़ते, इरादों ने चढ़ी है।** पर आप निबंध लिखने का प्रयास करें। अधिक अभ्यास के लिए कुछ कुंजी-वाक्य दिए जा रहे हैं, जिनको विस्तृतीकरण (पल्लवन) करने का प्रयोग करें—

*"विदेशी भाषा का विद्यार्थी होना बुरा नहीं है
पर अपनी भाषा सर्वोपरि है।"*

—महात्मा गांधी

*"नर और नारी जन्मते और मरते हैं,
परंतु राष्ट्र सदा अमर रहता है।"*

—जवाहर लाल नेहरू

"वीर की प्रथम प्रेयसी मृत्यु है।"

—अज्ञात

- अध्ययन में अपने माता-पिता की मदद लें। इसके लिए अखबारों से आर्थिक, राजनीतिक और सामाजिक विषयों, संपादकीय आदि के संकलन में तथा अध्ययन के लिए उपयुक्त माहौल उपलब्ध कराने में उनकी मदद ली जा सकती है।

आधुनिक युग में जिस प्रकार विज्ञान ने तरक्की है। उसी प्रकार मनोविज्ञान भी प्रगति कर रहा है। वर्षों के शोध से ऐसी विधियों का आविष्कार हुआ है। जिससे आप कई अंकों की संख्याएं, टेलीफोन नंबर, व्यक्तियों के नाम, ताश के खेल में 52 पत्तों को याद रखकर मित्रों को अपनी स्मरण-शक्ति का लोहा मनवा सकते हैं। प्रतियोगी तथा अन्य परीक्षाओं में आश्चर्यजनक सफलता हासिल कर सकते हैं। मानव कंप्यूटर शकुंतला देवी का नाम आपने सुना ही होगा जो स्मरण विधियों का उपयोग करके गणितीय गणनाएं कंप्यूटर से अधिक गति से करती हैं।

अब जरा आप कल्पना कीजिए कि परीक्षा हाल में आपकी याददाश्त अचानक चली जाए तब आप क्या एक भी अंक अर्जित कर सकते हैं। इसके विपरीत यदि आपने सालभर जितना पढ़ा

उतना याद रहे तब क्या होगा? जवाब होगा परीक्षा में शत-प्रतिशत अंक मिलेंगे।

अतः आप यह तय हो जाने के बाद की आपको परीक्षा में सफलता के लिए क्या पढ़ना है। आपका दूसरा मुख्य लक्ष्य होना चाहिए कि पढ़ा हुआ आपको कैसे याद रखना है। आप अध्ययन में घंटों का समय देते हैं, लेकिन यह सब कैसे स्मरण रखना है इस पर शायद मिनट भी नहीं देते होंगे लेकिन अब आप पूरे दिन के अध्ययन में कम से कम 2 घंटे इस बात के लिए होमवर्क करें कि दिन भर की पढ़ी अध्ययन सामग्री कैसे और कौन सी स्मरण विधि से याद करें। यहां कुछ स्मरण विधियों के नाम दिए जा रहे हैं।

संक्षिप्तीकरण विधि (Abbreviation Method), विस्तृतीकरण विधि (Elaboration Method), कल्पना विधि (Imagination Method), पेग विधि (Peg Method), संख्या-अक्षर विधि (Number-Letter Method), शृंखला-विधि (Chain Method) और मस्तिष्क-नक्शा विधि (Mind Map Method) इत्यादि। इन विधियों का विवरण आगे दिया जा रहा है।

समय प्रबंधन (Time Management)

- अध्ययन का टाइम-टेबल लचीला होना चाहिए, जिससे सभी विषयों को गुणानुक्रम (Merit) के आधार पर समय दिया जा सके।
- यदि आप रात को अधिक अध्ययन करते हैं तो आपको मुख्य विषय रात्रि में पढ़ना चाहिए। यदि दिन में अधिक पढ़ते हैं तब दिन में पढ़ें।

- टाइम-टेबल में साप्ताहिक एवं मासिक रिवीजन के लिए एक-एक दिन निश्चित होना चाहिए। साप्ताहिक और मासिक रिवीजन संक्षिप्तीकरण विधि से बनाए गए नोट्स पढ़कर करना चाहिए, क्योंकि सप्ताह या माह में पुस्तकों से इतना अध्ययन हो जाता है कि उनसे एक दिन में सारा रिवीजन संभव नहीं है।
- अगले दिन क्लास में जो पढ़ाया जाना है, उसे पहले दिन ही पढ़ लें। सफलता के लिए परीक्षा की तैयारी के दौरान आप में दृढ़ संकल्प (Determination) की आवश्यकता है। **विक्टर हागो** ने कहा है कि **मनुष्य में शक्ति नहीं संकल्प की कमी होती है।** संकल्प से उत्पत्ति होती है। इच्छा-शक्ति के आज हमें जितने भी चमत्कार और आविष्कार दिखाई देते हैं, वे सब उन व्यक्तियों की इच्छा-शक्ति की देन है।

अध्ययन के दौरान विश्राम कैसे लें (How to Relax While Studying)

लगातार 3 से 4 घंटे अध्ययन करते-करते जब आपको मानसिक और शारीरिक थकान महसूस हो तब 5-10 मिनट का विश्राम लें और योग क्रिया श्वासन करें। इसको करने से भी मांसपेशियों, नसों, नाड़ियों तथा शरीर के सभी अंगों को कम समय में पूर्ण विश्राम दिया जा सकता है। इस योगदान से मस्तिष्क ताजगी और शरीर तरोताजा अनुभव करेगा। इसकी विधि है—

- जमीन पर कंबल या दरी बिछाकर पीठ के बल लेट जाएं। दोनों हाथ शरीर से लगे हुए सीधा रखें।
- दोनों पैरों को सीधा फैला दें।
- आंखें बंद कर धीरे-धीरे एक समान सांस लें।

❖ शरीर के अंग तथा मांसपेशियां आदि ढीले छोड़ दें।

❖ अंगों को क्रमशः ढीला छोड़ने की प्रक्रिया पैरों के अंगूठे से आरंभ करें एवं उस अंग का ढीला होना मस्तिष्क में महसूस करते जाएं। पंजे, टखनों, पिंडलियों की मासपेशियां, पीठ की मांसपेशियां, छाती, हाथ, गरदन, को ढीला छोड़ते जाएं।

अध्ययन के बीच जब भी आप मानसिक या शारीरिक थकान महसूस करें, तब इस योगासन को 5–10 मिनट तक कर सकते हैं। श्वास और आपकी मानसिक अवस्था में एक संबंध होता है। जब आप उत्तेजित होते हैं तब आपकी श्वास गति उथली एवं असामान्य होती है। जब आप शांत होते हैं तब श्वास गति गहरी और सामान्य होती है।

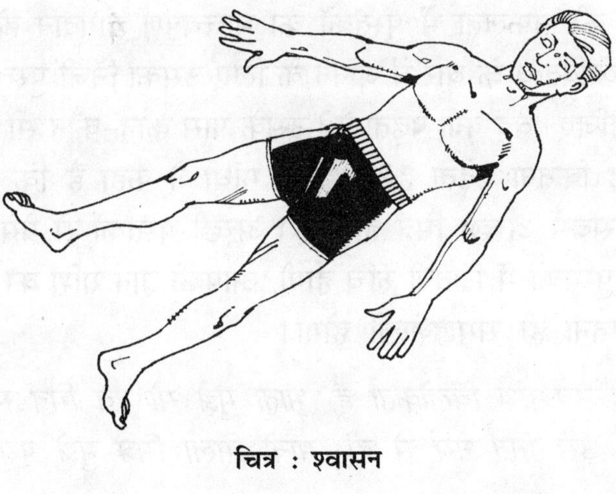

चित्र : श्वासन

5

अध्ययन में क्या और कैसे पढ़ें
(What and How to Read in Study)

"पठन व्यक्ति को पूर्ण आदमी बनाता है।"

—फ्रांसिस बेकॉन

व्यक्ति की सफलता में पुस्तकों का महत्त्वपूर्ण योगदान होता है। उसके व्यक्तित्व के बारे में जानने के लिए उसका निजी पुस्तकालय देख लीजिए। वह क्या पढ़ता है? उसके पास कौन-कौन सी पुस्तकें हैं? वह कितना पढ़ता है? महात्मा गांधी ने कहा है कि पुस्तकें हमारी सबसे अच्छी मित्र होती हैं। अच्छी पुस्तकों से प्रेम करना सीखें। पुस्तकों में जितनी रुचि होगी, आपकी ज्ञान राशि का संचित कोष उतना ही समृद्धशाली होगा।

मैं जो नव ग्रंथ विलोकता हूं, भाता मुझे सो नव मित्र सा है।
देखूं उसे नित नेम से ही, मानो मिला मित्र मुझे पुराना॥

—हरिऔध

फ्रांसिस बेकॉन ने कहा है कि **कुछ पुस्तकें चबाने लायक होती हैं, तो कुछ निगलने लायक, कुछ तो बिल्कुल पचाने लायक होती हैं।** अर्थात् कुछ पुस्तकें मात्र पढ़ने योग्य होती हैं।

कुछ पुस्तकों की विषय वस्तु से सहमत हुआ जा सकता है। कुछ पुस्तकें आत्मसात और अक्षरशः अनुसरण योग्य होती हैं।

अब चर्चा करते हैं उस अध्ययन की जो प्रतियोगी या अन्य परीक्षाओं में सफलता के लिए किया जाता है। ऐसी परीक्षाओं का उद्देश्य अधिक से अधिक अंक प्राप्त कर प्रतियोगियों से आगे निकलना होता है। सफलता के लिए सही पुस्तकों का चयन, अध्ययन खोजना, कठिन परिश्रम और लगन का सही तालमेल होना आवश्यक है। उक्त में से कोई भी पहलू कमजोर होने पर सारा परिश्रम व्यर्थ चला जाता है, क्योंकि प्रतिस्पर्धा में **सब कुछ या कुछ नहीं का सिद्धांत** (All or None Theory) कार्य करता है। किसी भी पुस्तक का चयन निम्नलिखित बिंदुओं के आधार पर किया जाए।

पाठ्यक्रम : पुस्तक ऐसी हो जो परीक्षा का अधिकतम पाठ्यक्रम पूर्ण करती हो, क्योंकि किसी भी परीक्षा का पाठ्यक्रम तैयार करते वक्त विशेषज्ञ के मस्तिष्क में कोई न कोई पुस्तक होती ही है। इसी प्रकार प्रश्नपत्र बनाते समय भी वही खास पुस्तक उसका केंद्र बिंदु होती है। अतः पुस्तक क्रय करते वक्त जल्दबाजी न करें। बल्कि पाठ्यक्रम के अपने प्राध्यापकों से विचार विमर्श कर यह खोज करने की कोशिश करें कि वह कौन-सी किताब हो सकती है। ऐसी ही पुस्तक क्रय करें।

भाषा माध्यम : कुछ वर्ष पूर्व ऐसा माना जाता था कि अंग्रेजी माध्यम वाले प्रतियोगी ही संघ लोग सेवा आयोग की परीक्षा द्वारा कलेक्टर या एस.पी. बन सकते हैं, हालांकि उस समय हिंदी माध्यम की पुस्तकों की कमी थी। अब ऐसी कोई समस्या नहीं है। अतः अंग्रेजी माध्यम, भाषा पर बहुत अच्छा नियंत्रण होने पर ही लें। अन्यथा

हिंदी माध्यम लेने में बिल्कुल संकोच न करें। एन.सी.ई.आर.टी. नई दिल्ली एवं हिंदी माध्यम कार्यान्वय निदेशालय, दिल्ली विश्वविद्यालय नई दिल्ली से प्रकाशित पुस्तकें हर विषय में उपलब्ध हैं।

लेखक : पुस्तक के लेखक को अपने विषय का विशेषज्ञ होना चाहिए। आपको यह ज्ञात होना चाहिए कि आप जिस लेखक की पुस्तक क्रय कर रहे हैं, उसे विषय के किस क्षेत्र में महारथ हासिल है। जैसा कि आपने विश्वविद्यालय में देखा होगा कि इतिहास विषय का प्राध्यापक प्राचीन, मध्यकालीन या आधुनिक भारत में से किसी एक का विशेषज्ञ होता है, जिस पर वह शोध कर रहा होता है, अतः यह स्पष्ट है कि इतिहास के इन तीनों कालों में जिस पर उसका अधिकार होगा, वही पुस्तक उसकी सर्वश्रेष्ठ होगी। लेखक की शिक्षा जगत में साख एवं एक अलग पहचान हो, जैसे इतिहास विषय में प्रो. रोमिला थापर, विपिनचंद्र, प्रो. नुरुल हसन की पहचान है। आपको लेखक की लेखन शैली भी ज्ञात होनी चाहिए। जैसे इतिहास विषय में कुछ पुस्तकें शासक, प्रशासन और उनके राजनीतिक चरित्र पर आधारित हैं। जबकि हाल में लिखी जा रही पुस्तकें, आर्थिक और सामाजिक व्यवस्था पर केंद्रित होती हैं।

जिसे पुस्तक पढ़ने का शौक है, वह सब जगह सुखी रहता है।

नोट्स एवं परीक्षा हेतु विशेष पुस्तकें : आज विद्यार्थी को नौकरी हासिल करने के लिए गलाकाट प्रतियोगिता (Cut-Throat Competition) का सामना करना होता है। ऐसे में कई शैक्षणिक संस्थान और प्रकाशक प्रत्येक परीक्षा हेतु साइक्लोस्टाइल नोट्स या परीक्षा पाठ्यक्रम पर आधारित पुस्तकें तैयार करते हैं। किसी

प्रामाणिक संस्था के प्रकाशन के नोट्स या पुस्तकें क्रय करनी चाहिए। ऐसा करने का एक महत्त्वपूर्ण लाभ यह होता है कि आपको पाठ्यक्रम के अनुसार विषय सामग्री बिना परिश्रम और समय नष्ट किए प्राप्त हो जाती है।

आदर्श प्रश्न-पत्र (Model Paper) : आदर्श प्रश्न-पत्र बनाकर हल करने का अभ्यास करें। किसी शिक्षा शास्त्री ने नोट्स न बनाने की विद्यार्थियों की प्रवृत्ति के संबंध में कहा है कि **विद्यार्थी पढ़ता तो वर्ष भर है, लेकिन लिखता सिर्फ परीक्षा हाल में है।** अतः प्रतियोगी व विश्वविद्यालय परीक्षा से कम से कम दो माह पूर्व एक आदर्श प्रश्न-पत्र पूर्व परीक्षा के प्रश्न पत्रों के आधार पर बनाएं और अपने अध्ययन कक्ष को परीक्षा हाल मानकर तीन घंटे में हल करें। उत्तर पुस्तिका अपने प्राध्यापक से चेक कराएं। प्राध्यापक द्वारा दिए गए सुझावों को ध्यान से सुनकर पालन करें। इसी प्रकार पुनः प्रश्न पत्र बनाएं और उसे निर्धारित समय में हल करें। प्रश्न पत्र बनाने के लिए एसोसिएशन ऑफ इंडियन यूनिवर्सिटी, नई दिल्ली से प्रकाशित प्रश्न बैंक की मदद अत्यंत उपयोगी रहेगी। यह प्रश्न बैंक हर विषय में उपलब्ध होती है तथा देश के विख्यात विषय के विशेषज्ञ द्वारा तैयार किए जाते हैं। इसमें दिए गए प्रश्न विश्लेषणात्मक, संश्लेषणात्मक, आब्जेक्टिव इत्यादि होते हैं, जो आपके ज्ञान, समझ और ज्ञान की व्यावहारिक क्षमता की परीक्षा करते हैं। प्रत्येक प्रश्न के लिए समय भी इसमें निर्धारित किया गया है। प्रश्न बैंक को 32 से अधिक विश्वविद्यालय के प्रश्न पत्रों में पूछे गए प्रश्नों से तैयार किया गया है।

*"पुस्तकों का वास्तविक उद्देश्य मस्तिष्क में
स्वयं की सोच जागृत करना है।"*

—सी. मोरले

पुस्तकें मांग कर न पढ़ें : अकसर ऐसा देखा गया है कि विद्यार्थी कई बार अर्थाभाव (पैसे की कमी) या बचत के लालच में मित्र से या अन्य जगहों से पुस्तकें मांग कर पढ़ते हैं। ऐसा करने से कई नुकसान होते हैं—

1. पुस्तक को दिए गए समय में वापस लौटाना होता है, जिससे उसका महत्त्वपूर्ण अंशों के नोट्स तैयार करने या पढ़ने का मानसिक बोझ बना रहता है। मांगी पुस्तक आप एक बार ही पढ़ सकते हैं।
2. यदि पुस्तक आपकी होगी तब आप उसके महत्त्वपूर्ण अंशों को चिह्नित कर सकते हैं, जिससे रिवीजन के समय महत्त्वपूर्ण अंशों को ही पढ़ा जा सके। क्योंकि रिवीजन में हर बार पूरी पुस्तक पढ़ना शायद ही संभव हो।

पुस्तक के महत्त्वपूर्ण अंश चिह्नित करना : पाठ्यपुस्तकों में अपने अध्ययन के प्रथम पठन के समय उसके महत्त्वपूर्ण गद्यांशों, अंशों एवं वाक्यों को चिह्नित कर सकते हैं, जिससे परीक्षा के समय महत्त्वपूर्ण अंशों का त्वरित रिवीजन किया जा सके। पुस्तकें चिह्नित करने के लिए आपकी स्वयं की पुस्तक होना अनिवार्य है। पुस्तकालय एवं मित्रों से मांगी गई पुस्तकें चिह्नित न करें।

जैसा कि आपको बतलाया गया है कि प्रथम पठन तीव्रगति से किया जाना चाहिए। चिह्नित करने के लिए पठन के समय अंगुली तकनीक के स्थान पर एच.बी. पेंसिल का प्रयोग करें। पठन के समय दृष्टि तथा पेंसिल एकगति से पढ़ी जा रही लाइन पर चलनी चाहिए। जैसे ही कोई महत्त्वपूर्ण शब्द या वाक्य प्रतीत होता है उसे रेखांकित कर दें। गद्यांश (पैराग्राफ) पूरा पढ़ने पर उसके भावार्थ से संबंधित कोई कुंजी शब्द आता है, उसे पृष्ठ के दोनों तरफ दिए गए हाशिए पर लिख लें।

जब एक गद्यांश पढ़ लिया जाए तो हाशिए पर निम्नानुसार चिह्नित करें।

1. परीक्षा की दृष्टि से महत्त्वपूर्ण — IMP
2. परीक्षा की दृष्टि से अतिमहत्त्वपूर्ण — MIMP
3. रिवीजन के समय पठन योग्य — RV
4. नोट्स लेने योग्य गद्यांश — NT
5. कुंजी-शब्द या वाक्यांश — KEY

आप अपनी सुविधानुसार भी चिह्न तय कर सकते हैं।

नोट्स तैयार करना : विद्यार्थी अध्ययन के दो तरीके अपनाते हैं। पहला तरीका, वर्ष भर पाठ्यक्रम को पुस्तकों से ही पढ़ते हैं। इसके लिए वे पुस्तकों के दाहिने ओर हाशिये पर महत्त्वपूर्ण पैराग्राफ को चिन्हित कर लेते हैं। जिससे उन्हें परीक्षा तथा रिवीजन के समय महत्त्वपूर्ण अंश ही पढ़ना पड़े। दूसरा तरीका, विद्यार्थी जिसे अपनाते हैं उसमें किसी भी विषय की दो-तीन पुस्तकें पढ़कर महत्त्वपूर्ण अंशों के नोट्स तैयार कर लेते हैं। मेरे मतानुसार नोट्स बनाने वाला तरीका बेहतर है।

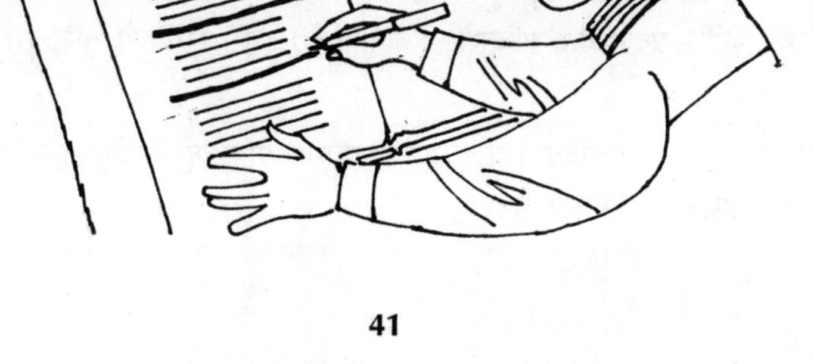

नोट्स बनाते समय विद्यार्थी अपनी परंपरागत विधि के साथ-साथ निम्नलिखित बिंदुओं पर अवश्य ध्यान दें। तब निश्चित ही उनके परीक्षा प्राप्तांकों में 10-15 प्रतिशत की वृद्धि हो सकती है।

1. नोट्स बनाते समय महत्त्वपूर्ण वाक्यों के नीचे अंडरलाइन करें।
2. नोट्स बनाते समय कई रंग वाली स्याही का प्रयोग करें।
3. अध्ययन सामग्री से कोई चार्ट, चित्र, तालिका, लाइन डायग्राम, सारणी और रेखाचित्र विकसित करने की कोशिश करें। आगे कुछ नमूने दिए गए हैं।
4. अध्ययन सामग्री को अपनी सुविधानुसार वर्गीकृत एवं व्यवस्थित कर सकते हैं।
5. नोट्स तैयार करते समय संक्षिप्तीकरण विधि (देखें अध्याय 7) का प्रयोग करें। आपको जिस अध्याय का नोट्स तैयार करना हो, उसका प्रथम पठन तीव्रगति से करें। उसके बाद

स्मृतिवर्धक औषधि ब्राह्मी

लखनऊ स्थित सेंट्रल ड्रग रिसर्च इंस्टीट्यूट में हुए प्रयोगों से प्राप्त परिणामों से ब्राह्मी के सेवन से स्मृति-वृद्धि संभव लगती है।

सामान्यत: सूचनाएं मस्तिष्क में बायें सेरीविरल हेमिसफियर में भंडारित होने से पूर्व हिप्पोकेम्पस में से गुजरती हैं। मस्तिष्क में सौ विलयन स्नायुकोशिकाएं (न्यूरॉन) होती हैं। जब वर्षों के अधिक उपयोग के बाद कमजोर या क्षतिग्रस्त होने लगती हैं तब व्यक्ति की स्मृति प्रभावित होने लगती है। ब्राह्मी जड़ी बूटी में मौजूद रसायन बेकोसाइट स्नायुकोशिकाओं को प्रोटीन प्रदान कर शक्तिशाली बनाता है। इससे स्मृति में वृद्धि संभव है।

आप किसी आयुर्वेदिक चिकित्सक से परामर्श प्राप्त कर ब्राह्मीयुक्त टॉनिक का सेवन कर सकते हैं।

एक बार सामान्य गति से अच्छी तरह पढ़ें। पढ़ते वक्त महत्त्वपूर्ण वाक्यांश, शब्द और पैराग्राफ अंडरलाइन या चिह्नित कर लें। अब आप परीक्षा की दृष्टि से पैरावाइज नोट्स तैयार कर लें। इसके बाद प्रत्येक पैराग्राफ को एक-एक कर पढ़ें। ध्यान से पढ़ने पर आपको महसूस होगा कि संपूर्ण पैराग्राफ का भावार्थ एक शब्द या शब्द समूह के चारों ओर केंद्रित है। इन कुंजी-शब्दों (Key Words) को अलग पेज पर लिख लें। अब अन्य पैराग्राफ पढ़ें। उनके कुंजी-शब्दों को पुस्तक में की गई संक्षिप्तीकरण विधि से स्मरण कर लें। उदाहरण के लिए मान लें आप समाजशास्त्र विषय के अध्याय मुस्लिम विवाह के प्रकार पढ़ रहे हैं। निकाह के पांच प्रकार कुंजी-शब्द के रूप में स्मरण रखना चाहते हैं। अर्थात् कुंजी-शब्द हैं— (1) शाही विवाह (2) फासिद विवाह (3) मूता विवाह (4) जबर विवाह (5) वाइड विवाह। जिनको Sa- Fa- Mu- Ja- Va संक्षिप्तीकरण से स्मरण रख सकते हैं।

नोट्स तैयार करने की परंपरागत एवं आधुनिक विधियां— नोट्स बनाने की परंपरागत विधि से तात्पर्य रेखीय नोट्स से है जिसमें विद्यार्थी महत्त्वपूर्ण गद्यांशों को लिख लेते हैं। लेकिन जैसा पूर्व में आपको बताया गया है कि अध्ययन सामग्री से रेखाचित्र, चित्र, तालिका या लाइन डाइग्राम मस्तिष्क में विकसित करने की कोशिश करें। ऐसे चित्रों को मस्तिष्क नक्शा (Mind Map) कहते हैं। उक्त विधियों से सामग्री स्मृति में अधिक समय तक धारित रहती है। यहां रेखाचित्र तालिका और मस्तिष्क-नक्शा विधि के उदाहरण दिए जा रहे हैं।

मस्तिष्क-नक्शा (Mind Map) बनाना : आपने देखा कि विद्यार्थी परंपरागत रेखीय नोट्स बनाते हैं। वे कोशिश करें कि एक

उदाहरण—1

बाल अपराध के कारण

पारिवारिक कारण	शारीरिक एवं व्यक्तिगत कारण	मनोवैज्ञानिक कारण	सामुदायिक कारण	आर्थिक कारण
1. भग्न परिवार	1. शारीरिक असमानताएं	1. मानसिक हीनता	1. बुरा पड़ोस	
2. दुर्व्यसन परिवार	2. शारीरिक दोष	2. संवेगात्मक संघर्ष और अस्थिरता	2. स्वास्थ्यप्रद मनोरंजन का अभाव	
3. अपराधी परिवार	3. बीमारी	3. कम बुद्धि वाले बच्चे एवं बड़े	3. स्कूल की परिस्थितयां	
4. माता–पिता का शून्य व्यवहार	4. पैतृकता		4. आपत्तिजनक साहित्य	
5. अनैतिक परिवार	5. अपूर्ण उद्देश्य		5. अपराधी क्षेत्र	
6. सामाजिक शिक्षा का अभाव			6. युद्ध	
7. पारिवारिक निर्धनता				
8. छोटा घर, जिसमें गोपनीयता का अभाव				

उदाहरण—2

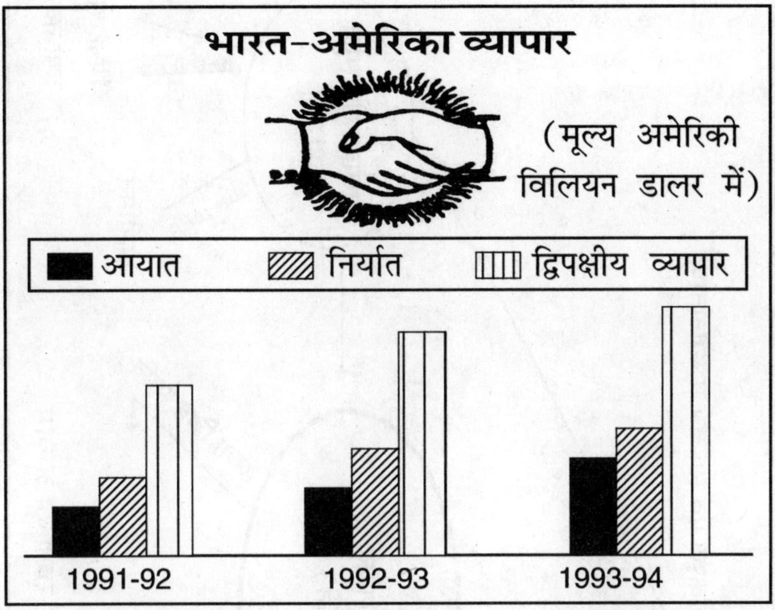

पदार्थ	%
पानी	63%
प्रोटीन	17%
वसा	12%
लवण	7%
कार्बोहाइट्रेड	1%

अध्याय के रेखीय नोट्स बनाने के साथ वे प्रत्येक पैराग्राफ के कुंजी-शब्द भी लिखते जाएं। जब अध्याय के नोट्स तैयार हो जाएं तब उस अध्याय के केंद्रीय कुंजी-शब्द को बीच में गोल घेरे में रखें। उदाहरणार्थ इस पुस्तक का केंद्रीय कुंजी-शब्द स्मृति होगा। अन्य कुंजी-शब्दों या वाक्यांशों को चित्रित करने का प्रयास कीजिए। मस्तिष्क-नक्शा बनाते समय विभिन्न रंगों के पेन प्रयोग कीजिए।

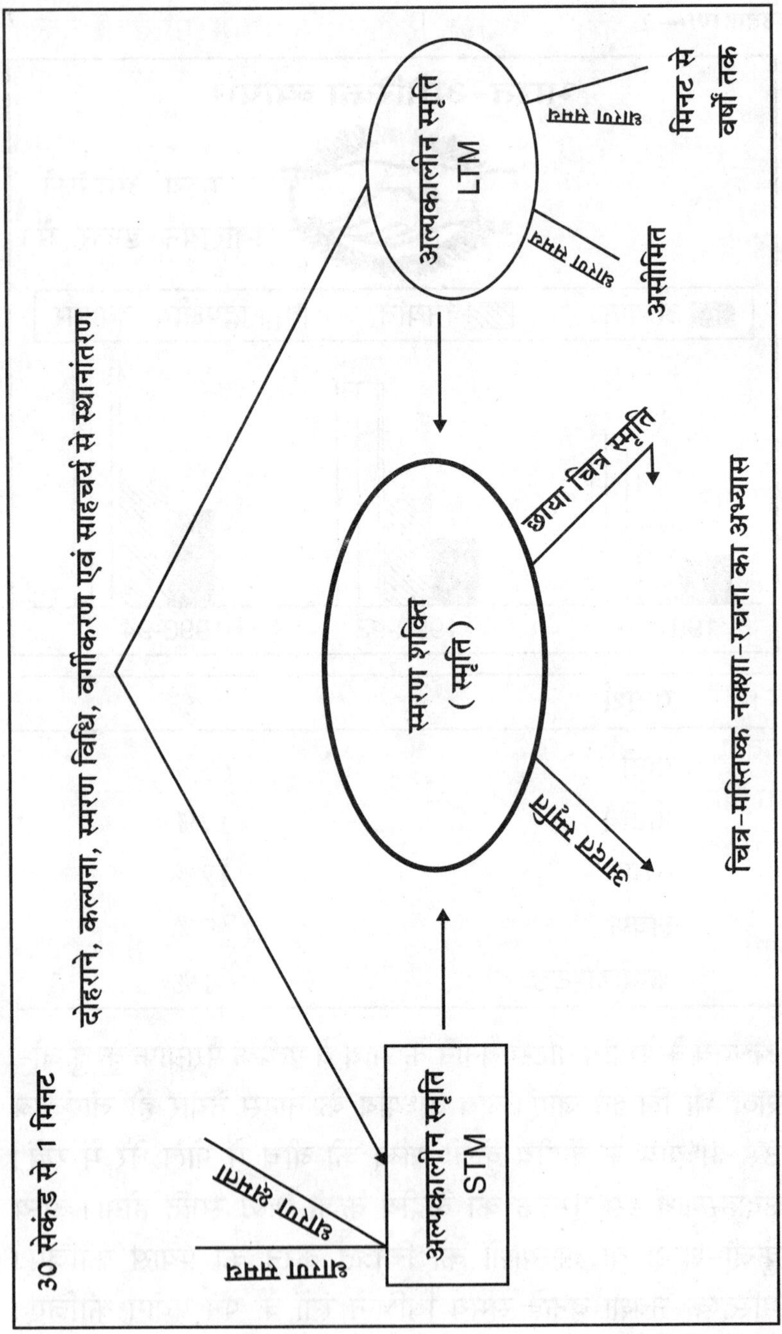
30 सेकंड से 1 मिनट
धारण समय
धारण क्षमता
अल्पकालीन स्मृति
STM
दोहराने, कल्पना, स्मरण विधि, वर्गीकरण एवं साहचर्य से स्थानांतरण
स्मरण शक्ति
(स्मृति)
श्रवण स्मृति
छाया चित्र स्मृति
अल्पकालीन स्मृति
LTM
धारण क्षमता
असीमित
धारण समय
मिनट से
वर्षों तक
चित्र-मस्तिष्क नक्शा-रचना का अभ्यास

उपयोगिता — त्वरित रिवीजन के समय मस्तिष्क-नक्शा किसी भी अध्याय की जानकारी कम समय में उपलब्ध करा देगा।

अध्ययन और एकाग्रता : मानसिक क्षमता के पूर्ण उपयोग के लिए आवश्यक है कि अध्ययन के समय विद्यार्थी में सीखने का प्रबल उत्साह और एकाग्रता हो। विद्यार्थी कितना भी कुशाग्र बुद्धि क्यों न हो, यदि वह अपने ध्यान को एकाग्र नहीं कर सकता, तब उसका सारा प्रयास असफल हो जाता है। अब प्रश्न उठता है कि यह ध्यान या अवधान क्या है? हर्नेनाण्डेज पियान (1966) ने अवधान की तुलना टार्च की रोशनी से की है। रोशनी के मध्य का भाग अत्यंत स्पष्ट और किनारे की वस्तुएं अस्पष्ट होती हैं। लैशमेन (1979) तथा अन्य मनोवैज्ञानिक, ध्यान को चेतना का पर्याय मानते हैं। चेतना का अर्थ जागरूकता (Awareness) है। चेतना सिर्फ उन्हीं विषयों में रहती है जिनमें हमारी रुचि होती है। हम उन विषयों पर ध्यान केंद्रित नहीं कर पाते जो हमारे लिए चेतना प्रवाह में इधर-उधर भटकने से नियंत्रित कर इच्छित विषय पर केंद्रित कर दें। इसका अर्थ यह होगा कि आप मस्तिष्क की समस्त ऊर्जा का उपयोग एक साथ और एक ही जगह कर रहे हैं। आपने बचपन में प्रयोग किया होगा, जिसमें उत्तल लेंस द्वारा सूर्य की किरणें एक बिंदु पर इकट्ठी कर, किसी कागज पर डालते थे, वह जल उठता था। इसी प्रकार हमारी मस्तिष्क ऊर्जा कई कार्यों में एक साथ ध्यान होने के कारण विभाजित रहती हैं। अपनी एकाग्रता से इस मानसिकऊर्जा पुंज को एक लक्ष्य की ओर केंद्रित कर दें।

घर, विद्यालय और महाविद्यालय आपके व्यक्तित्व निर्माण के कारखाने हैं। ये शिक्षा के दौरान आपमें शिक्षा के साथ खेलकूद, चित्रकला, संगीत और सांस्कृतिक परंपराओं को भी विकसित करते

हैं। इससे आपका चेतना संसार विस्तृत किया जाता है। जैसा कि अध्याय : **आपके दिमाग में अपार क्षमता है,** में आपने पढ़ा कि इतना सब करने के बावजूद हम सिर्फ मस्तिष्क क्षमता के 10 प्रतिशत का उपयोग कर पाते हैं। लेकिन विद्यार्थी काल के अंतिम समय में जब हम कैरियर के निर्माण हेतु प्रतियोगी परीक्षा की तैयारी कर रहे होते हैं तब आवश्यकता होती है। आप समस्त मस्तिष्क ऊर्जा को लक्ष्य प्राप्ति में लगा दें। अवधान (Attention) क्रियाशील और चंचल होता है जो एकाग्रता (Concentration) को भंग करने की कोशिश करता है। अवधान को नियंत्रित करने का अर्थ यह कतई नहीं है कि एक ही वस्तु पर टकटकी या बिना पलक झपकाए देखते ही रहना है। एक बिंदु को कई मिनट तक देखते रहने की क्षमता मानसिक विकास की दृष्टि से बिल्कुल अनुपयोगी है। ऐसी स्थिति में विद्यार्थी के निद्रा या सम्मोहन (Hypnotism) की अवस्था में चले जाने की संभावना हो जाएगी। इसी तरह एकाग्रता का अर्थ यह भी नहीं है कि ध्यान को किसी एक विषय पर ही केंद्रित किया जाए, उससे संबंधित अन्य बिंदुओं पर ध्यान ही न दिया जाए। एकाग्रता का अर्थ है कि जो विषय पढ़ा जाए उसका सृजनात्मक और संश्लेषणात्मक चिंतन किया जाए।

मानसिक व्यायाम : जिव्हा व्यायाम

निम्नलिखित को जल्दी-जल्दी बोलकर कई बार दोहराइए लेकिन कोशिश करें कि उच्चारण शुद्ध हो। इससे आपके उच्चारण में शुद्धता आएगी एवं आपकी जुबान स्पष्ट होगी।

ऊंट ऊंचा, ऊंट की पीठ ऊंची, ऊंची पूंछ ऊंट की।

कच्चा पापड़, पक्का पापड़।

पापी पागल, पागल पापी।

6

अध्ययन में पठन गति का महत्त्व
(Importance of Reading Speed in Study)

"एक निपुण पाठक सर्वदा तेज पढ़ने वाला हुआ करता है"

—अज्ञात

आपने बचपन में कॉमिक्स अवश्य पढ़े होंगे या बच्चों को कॉमिक्स पढ़ते आपने जरूर देखा होगा कि वे कितनी एकाग्रचित्तता, रुचि और तन्मयता से पढ़ते हैं। अध्ययन के वक्त आप में भी इन तीनों गुणों की आवश्यकता होती है। अब चर्चा करते हैं, अध्ययन में पठन गति के महत्त्व की। पठन दो प्रकार का होता है। पहला तीव्र पठन और दूसरा सामान्य-गति पठन। तीव्र पठन तब करना चाहिए, जब किसी अध्याय को पहली बार पढ़ रहे हों। इसमें पाठ को समझने का महत्त्व न देकर, उपयोगी पाठ्यांशों और कुंजी-शब्दों को खोजकर उन्हें चिह्नित या अंडरलाइन करना होता है, जिससे इस अध्याय के द्वितीय और तृतीय पठन के वक्त आपके समय की बचत होती है। कई वाक्य, अनुच्छेद सिर्फ भूमिका बनाने के लिए पुस्तक में दिए रहते हैं। तीव्र-पठन का दूसरा उपयोग परीक्षा के समय नोट्स के अध्ययन में किया जाता है। क्योंकि दो विषयों की परीक्षा के बीच अंतर दिन या सिर्फ घंटों का होता

है। उतने समय में आपको पूर्ण विषय रिवीजन करना होता है, जो सामान्य गति से पठन किया जाना संभव नहीं है।

सामान्य-गति पठन का उपयोग नोट्स बनाते समय कीजिए। यहां आपकी पठन गति को तेज करने के लिए अभ्यास दिए जा रहे हैं। तीव्र पठन के समय आप इस बात की चिंता न करें कि विषय सामग्री तो समझ में आ नहीं रही है। आपका अचेतन दिमाग तीव्र-पठन के समय भी गुप्त रूप से सीख व स्मरण कर रहा होता है।

हमारा मस्तिष्क अपार क्षमता रखता है, आवश्यकता मात्र इस क्षमता के दोहन की है। विषय सामग्री पढ़ते वक्त पठन गति बढ़ाने की जो तकनीक यहां दी जा रही है, उसे अंगुली तकनीक (Finger Technique) कहते हैं। पठन-गति से तात्पर्य यह है कि आप 1 मिनट में कितने शब्द पढ़ते हैं। सर्वप्रथम आप अपनी वर्तमान पठन-गति को ज्ञात करें। इसके लिए आपको स्टॉप वॉच या हाथ घड़ी की आवश्यकता होगी। जैसे ही आप एक गद्यांश पढ़ना आरंभ करें, स्टॉप वॉच चालू कर दें। स्टॉप वॉच न होने की स्थिति में हाथ घड़ी में सेकंड तक का समय देख लें। अभी गद्यांश को आपको अपनी-सामान्य गति से पढ़ना है।

तैयार-टाइम टेखें (नोट करें), पढ़ना आरंभ करें : *साहित्य, मानव-मन की भावनात्मक प्रवृत्तियों का परिणाम है और विज्ञान मानव की तथ्यात्मक प्रवृत्ति का। साहित्य का उद्देश्य सत्यं, शिवं, सुंदरम् की उपलब्धि है और विज्ञान का उद्देश्य केवल सत्य और नग्न सत्य को प्राप्त करना है। उसे शिवं और सुंदरम् से कोई सरोकार नहीं। किंतु विभिन्नता का यह अर्थ नहीं कि साहित्य और विज्ञान एक-दूसरे के विरोधी हैं। वास्तव में वह एक-दूसरे के पूरक हैं। साहित्य समाज रूपी शरीर का हृदय है और विज्ञान उसका मस्तिष्क*

है। अतः मानव समाज के पूर्ण तथा सर्वांगीण विकास के लिए साहित्य तथा विज्ञान के पूर्ण समन्वय का ध्यान रखना पड़ेगा।

रुकिए और स्टॉप वॉच बंद कीजिए और समय देखिए कि उक्त गद्यांश आपने कितने सेकंड में पूर्ण किया। इसे दी गई तालिका में दिए गए प्रति मिनट पठित शब्द संख्या से मिलान करें एवं अपनी पठन-गति ज्ञात करें।

यदि आप पैराग्राफ सेकंड में पढ़ते हैं	तब आपकी गति प्रति मिनट है।
10 सेकंड	600 शब्द
20 सेकंड	300 शब्द
30 सेकंड	200 शब्द
40 सेकंड	150 शब्द
50 सेकंड	120 शब्द
60 सेकंड	100 शब्द
70 सेकंड	86 शब्द
80 सेकंड	75 शब्द
90 सेकंड	67 शब्द
100 सेकंड	60 शब्द

अपनी पठन-गति यहां लिख लें ....

तीव्र-पठन हेतु अंगुली पद्धति (Finger Technique) — यह पद्धति जादुई प्रभाव रखती है। नीचे लिखे निर्देशों का पूरी तरह पालन करें।

अभ्यास 1

- अपनी पुस्तक का कोई भी पृष्ठ खोल लें।
- अब पुस्तक को उलटा कर लें। यानी कि आपको अक्षर उल्टी तरफ से पढ़ना है। दाहिने पृष्ठ को नीचे से दाहिने से बाएं पढ़ना आरंभ करें।
- अब अपनी तर्जनी अंगुली (Fore finger) और दृष्टि को लाइन पर आगे तर्जनी के साथ-साथ बढ़ाते हुए पढ़ते जाइए, तेज और तेज पढ़िए।

अभी इस बात पर ध्यान दें कि आपको समझ में आ रहा है या नहीं। ध्यान रहे दृष्टि तर्जनी के साथ ही गति करे। चित्र में देखें।

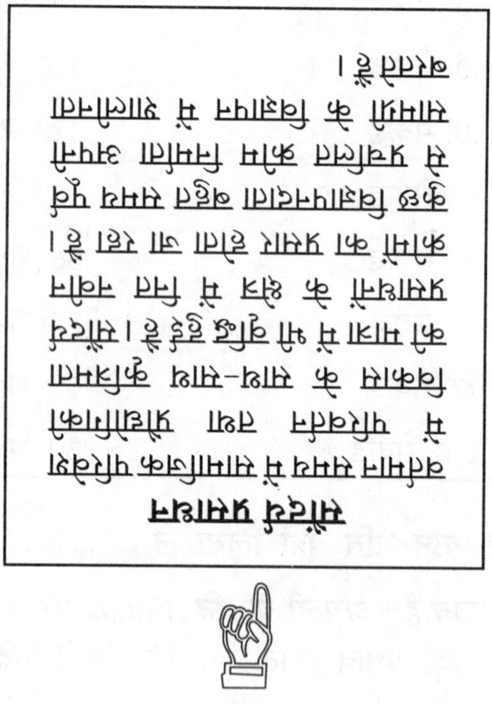

चित्र-पुस्तक को उलटा पढ़ते समय तर्जनी का उपयोग करें।

- ❖ मन में पढ़ना है। होंठ भी नहीं हिलना चाहिए।
- ❖ एक बार में कम से कम चार पृष्ठ का अध्ययन करें।
- ❖ ऐसा 10 दिन तक करें क्योंकि ग्यारहवें दिन से अभ्यास का दूसरा भाग प्रारंभ होगा।

अभ्यास 2 (ग्यारहवां दिन)

- ❖ इसमें अपनी तर्जनी को अब पूरी लाइन पर गति देने की आवश्यकता नहीं। अब आप पढ़ते समय बीच लाइन के किसी शब्द पर तर्जनी रखें। तर्जनी के दोनों तरफ की आधी-आधी लाइन एक दृष्टिपात में पढ़ें। तेज और तेज पढ़िए।
- ❖ ऐसा अगले 5 दिन तक प्रतिदिन 10 मिनट करें।

अभ्यास 3 (पंद्रहवां दिन)

- ❖ पुस्तक को सीधी करके उपर्युक्त नियमों को ही ध्यान रखकर पढ़ना है। वही तर्जनी को लाइन के बीच में शब्द के पास रखकर पूरी लाइन को एक दृष्टिपात में पढ़ना है।
- ❖ पठन-गति तेज रखें। 20 दिन बाद अभ्यास करना समाप्त कर दें, क्योंकि अब आप इस पद्धति से प्रशिक्षित हो चुके हैं।

मुझे पूरा विश्वास है कि आपकी पठन गति में इस अभ्यास से कम से कम 100 प्रतिशत वृद्धि हुई होगी। आप चाहें तो नीचे दिए गद्यांश को पढ़कर पता कर लें।

तैयार-स्टॉप वॉच या कलाई घड़ी में समय देखें। समय नोट करें, पढ़ना आरंभ करें।

ऋतुराज बसंत के आगमन से ही शीत का भयंकर प्रकोप भाग गया। पतझड़ में पश्चिम पवन ने जीर्ण-शीर्ण पत्तों को गिराकर लताकुंजों, पेड़-पौधों को स्वच्छ और निर्मल बना दिया। वृक्षों और लताओं के अंग में नूतन पत्तियों के प्रस्फुटन से यौवन की मादकता छा गई। कनेर, करवीर अपनी मादकता का संचार करने लगे। न शीत की कठोरता, न ग्रीष्म का ताप, समशीतोष्ण वातावरण में प्रत्येक प्राणी की नस-नस में उत्फुल्लता और उमंग की लहरें उठ रही हैं। गेहूं के सुनहले बालों से पवन स्पर्श के कारण रुनझुन का संगीत फूट रहा है। पत्तों के अधरों पर सोया हुआ संगीत मुखरित हो गया है। पलाश-वन अपनी अरुणिमा में फूला नहीं समाता है। ऋतुराज बसंत के सुशासन और सुव्यवस्था की छटा हर ओर दिखाई पड़ती है। कलियों के यौवन की अंगड़ाई भ्रमरों को आमंत्रण दे रही है। अशोक के अग्निवर्ण कोमल एवं नवीन पत्ते वायु के स्पर्श से तरंगित हो रहे हैं।

शीतकाल के ठिठुरे अंगों में नई स्फूर्ति उमड़ रही है। बसंत के आगमन के साथ ही जैसे जीर्णता और पुरातन का प्रभाव तिरोहित हो गया है। प्रकृति के कण-कण में नए जीवन का संचार हो गया है। आम्र मंजरियों की भीनी-भीनी गंध और कोयल का पंचम आलाप, भ्रमरों का गुंजन और कलियों की चटक, वनों और उद्यानों के अंगों में शोभा का संचार — सब ऐसा लगता है, जैसे जीवन में सुख ही सत्य है, आनंद के एक क्षण का मूल्य पूरे जीवन को अर्पित करके भी नहीं चुकाया जा सकता है। प्रकृति ने बसंत के आगमन पर अपने रूप को इतना संवारा है। अंग-अंग को सजाया और रचा है कि उसकी शोभा का वर्णन ही व्यर्थ है, उसकी उपमा नहीं दी जा सकती।

स्टॉप वॉच बंद करें और समय देखें। समय नोट करें।

उक्त गद्यांश को आपकी पठन-गति प्राप्त करने के लिए दी गई तालिका में देखें।

पठन समय	पठन गति शब्द प्रति मिनट
10 सेकंड	1800 शब्द प्रति मिनट
20 सेकंड	900 शब्द प्रति मिनट
30 सेकंड	600 शब्द प्रति मिनट
40 सेकंड	450 शब्द प्रति मिनट
50 सेकंड	360 शब्द प्रति मिनट
60 सेकंड	300 शब्द प्रति मिनट
70 सेकंड	257 शब्द प्रति मिनट
80 सेकंड	225 शब्द प्रति मिनट
90 सेकंड	200 शब्द प्रति मिनट
100 सेकंड	180 शब्द प्रति मिनट
110 सेकंड	163 शब्द प्रति मिनट
120 सेकंड	150 शब्द प्रति मिनट
130 सेकंड	138 शब्द प्रति मिनट
140 सेकंड	128 शब्द प्रति मिनट
150 सेकंड	120 शब्द प्रति मिनट

यदि अभी भी आपकी पठन-गति 120 शब्द प्रति मिनट है, तब आप उक्त अभ्यास 10 दिन और लें।

इस अभ्यास के बाद आपकी पठन-गति में क्या सुधार आया। उसे निम्नलिखित सूत्र में जान सकते हैं।

1. अभ्यास के बाद की पठन-गति .... शब्द प्रति मिनट।
2. अभ्यास पूर्व पठन-गति .... शब्द प्रति मिनट।
3. पठन-गति में अंतर (1-2) .... शब्द प्रति मिनट।

$$\text{पठन गति में सुधार प्रतिशत} = \frac{\text{पठन-गति में अंतर}}{\text{अभ्यास पूर्व पठन-गति}} \times 100$$

अध्ययन के समय आप निम्नलिखित बिंदुओं का पालन करें—

(1) अध्ययन के समय चित्त शांत, मन तनावमुक्त एवं कर्म के प्रति निष्ठावान रहें। हर समय सफलता या असफलता के विषय में न सोचें।

(2) हमेशा कोशिश करें कि अध्ययन निर्धारित स्थान पर ही करें। माता-पिता और भाई-बहनों को एहसास कराएं कि आप अध्ययन कर रहे हैं, जिससे वे आपके लिए उपयुक्त माहौल प्रदान कर सकें।

(3) आप टी.वी. देखने या खेलने की दुविधा के बीच अध्ययन न करें, बल्कि अपनी दिनचर्या एवं अध्ययन समय में ऐसा तालमेल रखें कि दोनों को अलग-अलग समय दिया जा सके। पुरानी कहावत है—'दुविधा में दोनों गए माया मिली न राम'।

(4) लगातार अध्ययन से जब शारीरिक और मानसिक थकान महसूस हो, तब पुस्तक में दी गई योग क्रिया (शवासन) लगभग 5 मिनट तक कर सकते हैं।

(5) अध्ययन समाप्त होने के तुरंत बाद पर्याप्त विश्राम लें। अध्ययन के तुरंत बाद सोने से सामग्री का विस्मरण कम हो जाता है।

(6) अध्ययन के समय पठन-गति का अवश्य ध्यान रखें।

(7) इस तकनीक में प्रशिक्षण के बाद पाठ्य पुस्तक की सामान्य पठन-गति 300-350 शब्द प्रति मिनट होनी चाहिए। किसी पत्रिका या अखबार पढ़ने में पठन-गति 350-500 शब्द प्रति मिनट होनी चाहिए।

(8) अध्ययन के समय हर 1-2 घंटे बाद आंखों को विश्राम देने के लिए पामिंग करें। इसके लिए पढ़ना बंद कर, कुर्सी पर पीछे पीठ टिकाकर अधलेटी अवस्था में आएं। आंखें बंद करें। दोनों हथेलियों से आंखें ढंक लें। ऐसा 1 से 2 मिनट तक करें। ध्यान रहे, हथेलियां पलकों को स्पर्श न करें। इस क्रिया से आंखों को कम समय में पर्याप्त विश्राम मिल जाता है।

पठन-गति और आपका शब्द भंडार (Reading Speed and Your Vocabulary)

आमतौर पर पठन-गति जितनी धीमी होती जाती है, मन विषय वस्तु से उतना ही भटकने की स्थिति में आ जाता है। ध्यान टूटने लगता है तथा पढ़ने वाला इधर-उधर की सोचने लग जाता

है, जिससे उसकी एकाग्रता भंग हो जाती है। मंद गति पठन का कारण मुख्यतः थकावट, अभिरुचि की कमी तथा शब्द-ज्ञान का कम होना है, साथ ही परिचित शब्दों की सीमित संख्या अथवा मुहावरों और उनके अर्थ आदि से अनभिज्ञ होना है।

शब्द-ज्ञान को विस्तृत करना मानसिक निपुणता उन्नत करने का एक उत्तम साधन है। इसलिए आपको शब्दों के अर्थों की ओर विशेष ध्यान देना चाहिए। कितने ही शब्द ऐसे हैं, जिन्हें हम कई बार पढ़ते हैं और ऐसा सोचते हैं कि हम उनका अर्थ जानते हैं। इसी प्रकार कई शब्दों का अर्थ न जानते हुए भी हम उन्हें छोड़ते चले जाते हैं। क्योंकि लिखे हुए विचार का भावार्थ हम वाक्यांशों के प्रसंग से समझ लेते हैं। कई शब्द ऐसे होते हैं, जिन्हें हम जानते हैं, लेकिन उनका उपयोग बोलने और लिखने में नहीं कर पाते हैं। वे हमारे शब्द-ज्ञान में तो होते हैं, लेकिन उनके सही अर्थ से हम अनभिज्ञ होते हैं। शब्द-ज्ञान बढ़ाने के लिए अपने साथ हमेशा एक अच्छा शब्दकोश रखें।

पढ़ने को गुणकारी और अत्यंत उपयोगी बनाने के लिए आवश्यक है कि जो कुछ भी पढ़ा जाए, उसके सुंदर वाक्यों और महत्त्वपूर्ण कथनों या अंशों को नोट कर लिया जाए। जिस डायरी में नोट करेंगे, उसे स्मरण-पुस्तक कहते हैं। ऐसी स्मरण-पुस्तकें स्मृति को बड़ी सहायता देती हैं, क्योंकि भविष्य में आवश्यकता पड़ने पर सामग्री प्राप्त करना आसान रहता है।

स्मरण पुस्तकें, लेखकों और वक्ताओं के लिए बहुत उपयोगी होती हैं। महापुरुषों की अद्‌भुत प्रतिभा बहुत कुछ ऐसी ही स्मृति-पुस्तकों से आती है। किसी पुस्तक को पढ़ते समय महत्त्वपूर्ण उदाहरण, सारांश या विश्लेषण तैयार करने में परिश्रम अवश्य है,

लेकिन यह परिश्रम आपको सफलता के शिखर पर पहुंचने का सोपान सिद्ध होगा।

स्मरण पुस्तकों की व्यावहारिक उपयोगिता के कारण ही लेखकों, वक्ताओं और पाठकों के लिए इनकी बहुत उपयोगिता होती है। ये महापुरुषों, राजनेताओं, लेखकों आदि प्रसिद्ध लोगों के उन्नयन में सहायक सिद्ध होती रही हैं। हर एक योग्य विद्वान, जो कुछ पाता है और उस पठन में जो भी महत्त्वपूर्ण होता है, उसे वह तुरंत नोट कर लेता है। इस प्रकार उसकी वह डायरी अनमोल बातों, ज्ञान, विचारों का एक आदर्श संग्रह बन जाती है, जो बातें उन्हें आगे बढ़ाने में प्रेरक होती हैं।

अध्ययन से प्रेम करें

अमेरिका के प्रसिद्ध राष्ट्रपति **अब्राहिम लिंकन** जीवन के प्रारंभिक 40 वर्ष तक असफल व्यक्ति माने जाते थे। वे अपनी बाद की सफलता के संबंध में बताते हैं—''मेरे पिताजी ने मुझे काम करना तो सिखाया, लेकिन यह नहीं सिखलाया कि अपने काम से प्रेम कैसे किया जाता है। अचानक ही जब मैंने अपने कार्य से प्रेम करना शुरू किया तो सफलता भी मुझे अपने आप मिलने लगी।''

तभी तो किसी विद्वान ने कहा है— **''यदि किसी व्यक्ति को बर्बाद करना है तो उसका कार्य उसके लिए अनुपयोगी अरुचिपूर्ण बना दो।''**

7

संक्षिप्तीकरण विधि
(Abbreviation Method)

संक्षिप्तीकरण आधुनिक युग में स्मरण (Remember) करने की सरलतम एवं महत्त्वपूर्ण विधि है। इस अध्याय को पढ़ने पर आप कहेंगे कि इस विधि का उपयोग तो आप भी बहुत करते हैं। आपने देखा होगा कि आप स्कूल के दिनों में, हिंदी व्याकरण में सूत्र के छंद के आठों गणों का स्वरूप ज्ञात करते हैं। यहां उन गणों के स्वरूप पुनः स्मरण की कोशिश करते हैं।

यमाता	–	लघु गुरु गुरु	–	यगण
मातारा	–	गुरु गुरु गुरु	–	मगण
ताराज	–	गुरु गुरु लघु	–	तगण
राजभा	–	गुरु लघु गुरु	–	रगण
जभान	–	लघु गुरु लघु	–	जगण
भानस	–	गुरु लघु लघु	–	भगण
नसल	–	लघु लघु लघु	–	नगण
सलगा	–	लघु लघु गुरु	–	सगण

उपर्युक्त सूत्र से सभी आठ गण याद करना कितना आसान होता है। संक्षिप्तीकरण में जो सामग्री स्मरण करना है, उनके प्रथम अक्षर लेकर उन्हें इस ढंग से व्यवस्थित (Rearrange) करते हैं जिससे अर्थपूर्ण शब्द या वाक्यांश बन जाए। मनोवैज्ञानिक प्रयोगों द्वारा यह प्रमाणित हो चुका है कि कई शब्दों का पुनः स्मरण सिर्फ इसलिए नहीं हो पाता, क्योंकि आपको प्रारंभिक अक्षर याद नहीं आता। अकसर लोगों को कहते सुना जाता है कि अमुक तथ्य उसकी जीभ पर रखा है, लेकिन उसे याद नहीं आ रहा है। इस स्थिति को **जिव्हा की नोक घटना** (Tip of Tongue Phenomenon) कहते हैं। ऐसा क्यों होता है? आप देखेंगे कि उनको यदि प्रथम अक्षर बता दिए जाएं, तो वे तुरंत उस जानकारी को पुनः स्मरित कर देंगे।

आपको जब भी कोई सामग्री पुनः स्मरण करनी होगी, तब यह विधि सामग्री के प्रथम अक्षर आपको उपलब्ध करा देगी। इस विधि का उपयोग आप विभिन्न प्रकार की अध्ययन सामग्री को स्मरण करने के लिए किस प्रकार करें। इसे यहां विभिन्न प्रकार के उदाहरणों से बताया जा रहा है।

उदाहरण-1 संक्षिप्तीकरण विधि का एक उदाहरण गोस्वामी तुलसीदास की रचना से दिया जा रहा है। इस दोहे में उन्होंने त्रिमूर्ति अर्थात् ब्रह्मा, विष्णु और महेश के अस्त्र, सवारी तथा पत्नियों का जिक्र करते हुए उनकी स्तुति की है।

चात्रक सो हे करण पे बगहा पर असवार।
लपास सहित सोभित भये नमस्कार कई बार॥

—गोस्वामी तुलसीदास

चात्रक— अर्थात् चक्र, त्रिशुल, कमण्डलु।

बगहा— अर्थात् बैल, गरुढ़, हंस।

लपास— अर्थात् लक्ष्मी, पार्वती, सरस्वती।

उपर्युक्त उदाहरण में संक्षिप्तीकरण के साथ लयता (Rhythm) का उपयोग किया गया है। आपके दिमाग में यह सवाल आ सकता है कि ऐसी कविता या दोहा बनाना सबके लिए तो मुश्किल है। सामान्य स्मरण की अपेक्षा संक्षिप्तीकरण से स्मरण की गई सामग्री आवश्यकता के समय बिना असफलता और कठिनाई के आप पुनः स्मरण कर सकते हैं। हर तरह की सामग्री का स्मरण तो इससे संभव नहीं, लेकिन अध्ययन सामग्री के नोट्स तथा किसी भी अध्याय के महत्त्वपूर्ण तथ्य इससे स्मरण किए जा सकते हैं।

उदाहरण-2 आपने देखा होगा कि विज्ञान में भौतिक शास्त्र के विद्यार्थी जानते हैं कि प्रकाश की किरणें सात रंगों से मिलकर बनती हैं। यदि कांच के प्रिज्म से इस प्रकाश को गुजारा जाए तो वह सात रंगों में विभाजित हो जाता है। इन रंगों का हमेशा एक निश्चित क्रम होता है। **बैंगनी, नीला, आसमानी, हरा, पीला, नारंगी, लाल,** अतः इन रंगों को उसी क्रम में स्मरण रखना होता है। अंग्रेजी में विद्यार्थी **VIBGYOR** तथा हिंदी में **बै नी आ ह पी ना ला** स्मृति-सूत्र से स्मरण रख सकते हैं। यह बात गौर करने लायक है कि हो सकता है उक्त सात रंग उस विद्यार्थी को बिना इस सूत्र के स्मरण रह सकते हैं।

लेकिन यदि आवश्यकता के समय इनको पुनः स्मरण करने में समय अधिक लगेगा। साथ ही एक भी रंग विस्मृत या याद न आने पर उसे पुनः स्मरण के लिए मस्तिष्क पर अधिक जोर डालना होगा। जबकि इस स्मृति-सूत्र से स्मरण होने पर वह स्मृति-

सूत्र के सहारे सातों रंग आसानी से पुनः स्मरण करेगा। विशेषकर परीक्षा हाल में निश्चित ही इससे बचे समय का उपयोग वह दूसरे सवाल हल करने में कर सकेगा।

उदाहरण–3 इसी प्रकार मैं मध्यप्रदेश के नौ राजस्व संभाग, स्मृति–सूत्र, **गभोज रीसाई हो चऊ** से स्मरण रखता हूं। यह सूत्र आप अपनी तरह से भी व्यवस्थित कर सकते हैं, क्योंकि उक्त संभागों को क्रम से स्मरण नहीं करना है। इससे पहले दिए गए दोनों उदाहरण स्मृति–सूत्र को देखते जाइए और बारह संभागों को सरलता से कितनी जल्दी पुनः स्मरण कर बता सकते। जैसे—
गभोज : ग्वालियर, भोपाल, जबलपुर, **रीसाई** : रीवा, सागर, इंदौर, **हो** : होशंगाबाद, **चऊ** : चंबल, उज्जैन।

उदाहरण–**4** ज्ञातव्य है कि संक्षिप्तीकरण विधि में शब्दों के प्रथम अक्षर लेकर उन्हें इसी अक्षर से प्रारंभ होने वाले दैनिक काम में लाने वाले शब्दों का सरल या हास्यास्पद वाक्यों में परिवर्तित कर स्मरण रख सकते हैं। आप सभी जानते हैं कि सूर्य सितारा (Star) है। जिसके नौ ग्रह हैं। जो सूर्य के चारों ओर चक्कर लगाते हैं। मरक्यूरी, सूर्य के सबसे निकट है तथा प्लूटो, सूर्य के सबसे अधिक दूरी पर है। अब मान लीजिए आपसे सूर्य के सभी नौ ग्रह लिखने या बताने के लिए कहा जाता है तब आपको सूर्य के सबसे पास मरक्यूरी, उससे दूर वीनस, अर्थ, मार्स, जूपीटर, सेटर्न, यूरेनस, नेपचून, तथा प्लूटो को क्रमशः बताने में परेशानी महसूस होगी। इन ग्रहों को आप स्मृति–सूत्र **M-VEM-J-SUN-P** द्वारा स्मरण रख रखते हैं। पुनः स्मरण या लिखने के समय आप मन में प्रथम अक्षर उच्चारित करते जाइए। आपको सभी ग्रह के नाम तुरंत याद आते जाएंगे। त्रुटि की संभावना बिल्कुल नहीं है। अतः यह तय है कि कोई सामग्री आपको साधारण स्मृति

से स्मरण है। उसके बावजूद आप इस विधि की सहायता लेते हैं तो सफलता का प्रतिशत शत-प्रतिशत हो जाता है। सूर्य के इन नौ ग्रहों को और अधिक सरलता से स्मरण रखने के लिए आप इनके प्रथम अक्षर को बोलचाल के शब्दों में परिवर्तित कर स्मृति-वाक्य बना सकते हैं जैसे—

स्मृति सूत्र : M - V - E - M - J - S - U - N - P

स्मृति वाक्य : माता बहुत अमीर मामी जी से यू नहीं पूछा

इस स्मृति-सूत्र के प्रथम अक्षर भी उन ग्रहों के प्रथम अक्षर हैं। सूत्र **लयता, सरलता** और **हास्यास्पद** होने से आपको आसानी से स्मरण हो जाएगा। जरूरी नहीं है कि उक्त ग्रहों को मेरे द्वारा बनाए गए स्मृति-सूत्र से स्मरण किया जाए। आप अपनी सुविधानुसार स्मृति-सूत्र बना सकते हैं।

ऐसा देखा गया है कि मेडिकल कॉलेज के छात्र ऐसी स्मरण विधियों को अधिक उपयोग करते हैं। यहां तक कि उनके विषय जैसे : एनाटामी, फिजियोलॉजी, मेडिसिन इत्यादि की इन विधि पर आधारित पाकेट साइज पुस्तकें बाजार में उपलब्ध हैं। जबकि कला या वाणिज्य विषय के विद्यार्थी ऐसी विधियों को समय की बर्बादी तथा कठिन समझते हैं। उनका तर्क होता कि इससे अच्छा तो वे यह सब रटकर स्मरण कर सकते हैं। मेडिकल के एक विद्यार्थी ने बताया कि वे लोग हथेली की हड्डियां क्रम से स्मरण रखने के लिए बड़े मजेदार स्मृति-सूत्र का प्रयोग करते हैं। जो संक्षिप्तीकरण विधि पर आधारित है।

स्मृति-सूत्र : सीतालाल टिण्डे पकाओ टिण्डे तुम्हारे कच्चे हैं-

इसमें सीता—SCAPHOID, लाल—LUNATE इत्यादि इसी प्रकार मेडिकल के विद्यार्थी मस्तिष्क के क्रोनियल नर्वस अंग्रेजी में इस सूत्र से स्मरण रखते हैं।

On Old Olympous Torripd Top
A Fin and Verman Got Some Hop

जिसमें क्रमश: Olfactory, Optic, Oculomotor, Trochlear, Trigeminal, Abducens, Facial, Vestibulocochlear, Glossopharyngeal, Spinic and Hypoglossal हैं।

अब हम यह देखेंगे कि इस विधि का उपयोग अध्ययन के समय नोट्स बनाने में कैसे कर सकते हैं। जिससे अपने परीक्षा अंकों में अधिक वृद्धि कर सकें तथा परीक्षा के समय चंद मिनटों में रिवीजन कर लें। नोट्स बनाते समय पुस्तक में दी जा रही अन्य विधियों का उपयोग करना होगा।

जिस अध्याय का नोट्स आपको तैयार करना हो, उसे दो-तीन बार अच्छी तरह पढ़ लें। अब आप अध्याय को परीक्षा की दृष्टि से उपयोगी पैरावाइज नोट्स लिख लें। इसके बाद प्रत्येक पैराग्राफ को एक-एक कर पढ़ें। ध्यान से पढ़ने पर आपको महसूस होगा कि संपूर्ण पैराग्राफ का भावार्थ किसी एक खास शब्द या शब्द समूह के चारों ओर केंद्रित है। इन शब्दों या शब्द समूह को कुंजी-शब्द कहते हैं। इस तरह प्रत्येक पैराग्राफ को ध्यान से पढ़कर उनके कुंजी-शब्द तैयार कर नोट-बुक में लिखते जाएं। इस प्रकार उस अध्याय के नोट्स तथा उनके अति महत्त्वपूर्ण कुंजी-शब्द आपके पास उपलब्ध रहेंगे। इन कुंजी-शब्दों के प्रथम अक्षर लिखकर स्मरण की संक्षिप्तीकरण विधि से स्मृति-सूत्र (Memory Trick) तैयार कर लें। जैसे—समाज शास्त्र में मुस्लिम विवाह :

1. शाही विवाह 2. फासिद विवाह 3. मुता विवाह 4. जबर विवाह 5. वोइड विवाह को मैं स्मृति-सूत्र **Sa-Fa-Mu-Ja-Vo** या हिन्दी में साफामुजावो से स्मरण रखता हूं। इसी प्रकार तलाक के प्रकार : मुवारत, लियान, खुला, तलाक, जिहार तथा इला को स्मृति-सूत्र **Mu-Li-Khu-Ta-Zi-il** या हिंदी में मुली खुता जिइल से स्मरण रखता हूं।

यहां कुछ और स्मृति-सूत्र दिए जा रहे हैं। जिनका उद्देश्य इस विधि में आपकी और अधिक रुचि जागृति करना है।

1. इतिहास में मुगलकाल के शासक क्रमानुसार— बाबर, हुंमायूं, अकबर, जहांगीर, शाहजहां और औरंगजेब हुए, जिन्हें स्मृति-सूत्र में स्मरण रख सकते हैं :

   स्मृति सूत्र : ब हू आ ज शाम औरंगाबाद गई।

2. ईसवी कैलेंडर का कौन-सा माह कितने दिन का होगा। यह सभी लोग इस स्मृति-सूत्र से निकालते हैं :

   सि, अप, जून, तीस के बाकी के इकतीस,
अट्ठाईस की फरवरी, चौथे सन् उन्तीस।

सि-सितंबर; अप-अप्रैल; जू-जून और न-नवंबर माह 30 दिन के होते हैं। बाकी के माह जनवरी, मार्च, मई, जुलाई, अगस्त, अक्टूबर और दिसंबर माह 31 दिन के होते हैं। फरवरी माह 28 दिन और हर चौथे वर्ष फरवरी माह 29 दिन का होता है।

संक्षिप्तीकरण के लिए यही आवश्यक नहीं है कि शब्दों के प्रथम अक्षर ही लिए जाएं। यहां कुछ संक्षिप्तीकरण दिए जा रहे हैं जिनमें एक से अधिक अक्षर प्रयोग किए जाते हैं। शासकीय और प्रशासकीय कार्यों में प्रमाणित संक्षिप्त स्वरूपों में मान्य होते हैं।

शहरों के नाम		शहरों के संक्षिप्त नाम
Gwalior	–	GWL
Indore	–	IND
Bhopal	–	BPL
New Delhi	–	NDL
Jabalpur	–	JAB

दूर संचार के काम आने वाले शब्दों के संक्षिप्त स्वरूप

Please	–	PSE
Regarding	–	REG
Information	–	INFO
Refer	–	REF
With Effect From	–	WEF

आधुनिक युग में कई मौकों पर पूर्ण नाम के स्थान पर उनके संक्षिप्त स्वरूप ज्यादा प्रचलित हैं। उनके नाम गौण हो गए हैं। यहां कुछ उदाहरण दिए जा रहे हैं :

सी.बी.आई.	–	सेंट्रल ब्यूरो ऑफ इंवेस्टीगेशन
सी.ए.	–	चार्टर्ड अकाउंटेंट
आई.ए.एस.	–	इंडियन एडमिनिस्ट्रेटिव सर्विस
एल.पी.जी.	–	लिक्वीफाइड पेट्रोलियम गैस

You can win if you think you can

(मन के हारे हार है, मन के जीते जीत)

If you Think you will lose, you are lost, For out in the world we find, Success begins with a fellows will, It's all in the state of mind.

8

कल्पना की उड़ान
(Flight of Imagination)

"कल्पना ज्ञान से अधिक शक्तिशाली है"

—अल्बर्ट आइंस्टाइन

अब तक आपने पढ़ा कि बायां मस्तिष्क भाषा, शब्द, भाषण तथा तार्किक शक्ति को संचालित करता है। जबकि दाहिना मस्तिष्क सृजनात्मक क्षमता, रंग, चित्र तथा कल्पना शक्ति को संचालित करता है। बचपन में हम मस्तिष्क के दोनों भागों का बराबर उपयोग करते हैं, लेकिन शिक्षा के दौरान ऐसे कार्य कराए जाते हैं, जिससे सिर्फ बाएं मस्तिष्क का उपयोग ही हो पाता है। मानसिक क्षमता के पूर्ण उपयोग के लिए दोनों मस्तिष्क का समान क्रियाशील होना आवश्यक है। दाहिने मस्तिष्क को क्रियाशील करने के लिए अध्याय-2 में (आपके दिमाग में अपार क्षमता है) प्रो बिन बेंगर की चित्र प्रवाह तकनीक दी गई है।

कल्पना-शक्ति का उपयोग अपने अध्ययन के दौरान स्मरण विधि के रूप में कर सकते हैं। जो बात एक तस्वीर कह सकती है, उसे 100 शब्द भी नहीं कह सकते हैं। मैंने अपने डॉक्टरेट शोध के दौरान एक मनोवैज्ञानिक प्रयोग में विद्यार्थियों के तीन

वर्ग बनाए। प्रत्येक वर्ग को 20 शब्दों की एक सूची प्रोजेक्टर पर प्रत्येक शब्द के बीच दिए गए 15 सेकंड के निश्चित अंतर से दिखाई गई। प्रथम वर्ग को शब्दों के बीच में 15 सेकंड तक दिखाए शब्द को मन में दोहराते रहना था। दूसरे तथा तीसरे वर्ग को पहले शब्द को 15 सेकंड के समय दिमाग में कल्पना कर दूसरे शब्द को कल्पना से जोड़ना था। जैसे शब्द बोतल तथा टेबिल को दिमाग में कल्पना की कि शरबत की एक बोतल है जो टेबल पर रखी है। इसी प्रकार तीसरे शब्द को दूसरे शब्द से और चौथे को तीसरे से ....। सूची प्रदर्शन के 5 मिनट बाद एक कागज पर सभी शब्द पुनः स्मरण कर लिखने को कहा गया। प्रयोग के परिणाम आश्चर्यजनक रहे। शब्दों का पुनः स्मरण उन दो वर्गों का बहुत अधिक था, जिनको कल्पना द्वारा चित्रों का स्मरण करने को कहा गया था। 48 घंटे बाद उन्हीं तीन वर्गों से बिना पूर्व में बताए फिर से शब्दों को पुनः स्मरण कर कागज पर लिखने को कहा गया। परिणाम और भी अधिक रोचक प्राप्त हुए। कल्पना चित्रों की सहायता से स्मरण करने वाले वर्ग का प्रतिशत रटने वाले वर्ग की तुलना में पुनः स्मरण प्रतिशत से अधिक रहा। अतः कल्पना द्वारा स्मरण करने से याद की गई सामग्री अधिक समय तक स्मरण रखी जा सकती है। कल्पना चित्रों से धारित सामग्री मस्तिष्क में संगठित, पुनर्गठित तथा क्रियाशील रहती है।

प्रसिद्ध मनोवैज्ञानिक टालमेन के अनुसार बच्चों में छायाचित्र स्मरण-शक्ति होती है। कोई भी दृश्य या घटना उनके मस्तिष्क में यथावत् फोटो कैमरा के समान कैद हो जाती है। यह छायाचित्र स्मरण-शक्ति बचपन में दाहिने मस्तिष्क की क्रियाशीलता के कारण रहती है। लेकिन जैसे-जैसे बच्चा बड़ा होता है उसकी छायाचित्र स्मरण-शक्ति क्षीण होने लगती है। ऐसा कह सकते हैं कि भाषा,

गणित तथा खेल इत्यादि में उसके ध्यान और एकाग्रचित्तता से उसकी कल्पना-शक्ति के उपयोग में कमी आ जाती है।

कल्पना-शक्ति में वृद्धि कैसे करें (How to Improve Your Imagination)

कल्पना-शक्ति और स्मरण-शक्ति का सीधा आनुपातिक संबंध है। किसी व्यक्ति की कल्पना करने की क्षमता जितनी अधिक होगी उसी अनुपात में उसकी स्मरण करने की क्षमता होगी। कल्पना-शक्ति के विकास के लिए यहां कुछ अभ्यास दिए जा रहे हैं। कल्पना करने के लिए किसी शांत कमरे में कोई भी थीम या दृश्य सोच लीजिए। अब आंखें बंद कर दिमाग की आंखों (Mind's Eyes) से मस्तिष्क में चित्र बनाने की कोशिश करें।

अभ्यास 1

याद कीजिए विद्यालय में अध्ययन के दौरान आपने राष्ट्रकवि मैथिलीशरण गुप्त द्वारा रचित पंचवटी पढ़ी होगी। उस दृश्य की कल्पना करें। जिसमें सूर्पणखा सुंदर युवती का रूप धारण कर राम तथा लक्ष्मण से बारी-बारी से शादी करने का प्रस्ताव रखती है। लेकिन दोनों के द्वारा अपमानित होने पर वह सुंदरी से राक्षसी रूप में वापस आती है। कवि पंक्तियों के साथ :

गोल कपोल पलटकर सहसा,
बने भिंड़ों की छत्तों से
कुंदकली से दांत हो गए,
बढ़ बड़ाह की दाढ़ों से,
हिलने लगे उष्ण सांसों से,
होठ लपालप लत्तों से

अभ्यास 2

कल्पना कीजिए कि आप शाम को ऑफिस से घर आ रहे हैं। आप घर पहुंचते हैं। आपकी माताजी आम के अचार के लिए मसाला तैयार कर रही हैं। मेथी भुनने की खुशबू, हलदी का रंग, आम के पीले कटे हुए टुकड़े, सबकी कल्पना कीजिए। फिर मसाले में लथपथ एक आम का टुकड़ा आप उठाकर मुंह में रख लेते हैं। क्यों? आया न आपके मुंह में पानी?

इसी प्रकार कल्पना-शक्ति का विकास करने के लिए बहुत से तरीके हो सकते हैं। जैसे—आप अपने मित्र का चेहरा, उसकी आंख, नाक, मूंछ, कपड़े इत्यादि कल्पित करें।

निरंतर अभ्यास से आपकी कल्पना-शक्ति में उत्तरोत्तर वृद्धि होती जाएगी। अपने उज्ज्वल एवं सफल कैरियर के लिए कल्पना करना आवश्यक है। जैसे आपका उद्देश्य एक प्रशासनिक अधिकारी बनना है। आंखें बंद कर कल्पना कीजिए कि आप अपने उद्देश्य प्राप्ति के लिए प्रतियोगी परीक्षा हेतु कठिन परिश्रम कर रहे हैं। परीक्षा में अच्छी तैयारी के साथ सम्मिलित होते हैं। कुछ दिनों बाद परिणाम आता है। आप साक्षात्कार देते हैं एवं इच्छित पद के लिए चुन लिए जाते हैं। आपके मित्र एवं रिश्तेदार बधाई देने के लिए घर आते हैं। कुछ भी असंभव नहीं है। व्यक्ति जो चाहता है वह प्राप्त कर सकता है। भविष्य के बारे में तर्कपूर्ण कल्पना और कठिन परिश्रम के सम्मिलन से ही व्यक्ति बड़े से बड़ा कार्य संपादित करता है। तर्कहीन कल्पना परिश्रम के अभाव में दिवास्वप्न (Daydreaming) कहलाती है।

इसी प्रकार अध्ययन के दौरान जो सामग्री पढ़ रहे हों उसका कल्पना द्वारा मस्तिष्क में चित्रांकन करने की कोशिश करें। जैसे यदि

आप गरीबी विषय पर पढ़ रहे हों। तब आपके मस्तिष्क में झोपड़पट्टी (Slums) के छोटे-छोटे गंदे घर और अधनंगे बच्चों के चित्र उभर आने चाहिए। अर्थात् पढ़े जा रहे विषय को महसूस (Feel) एवं मानसिक स्पर्श (Mental Touch) करने की कोशिश करें।

कल्पना, स्मरण-शक्ति और मनोवैज्ञानिक तथ्य :

1. किसी भी विषय या दृश्य के संबंध में कल्पना जितनी अतिशयोक्तिपूर्ण और अटपटी होगी, अध्ययन सामग्री उतनी ही अधिक याद रहेगी। उदाहरण के लिए तुलसीदास का दोहा देखें।

   बिन पद चले सुने बिन काना।
   बिन कर करम, करे विधि नाना॥

   अर्थात् ईश्वर बिना पैर के चलता है। बिना कान के सुनता है तथा बिना हाथों के सभी कार्य करता है। दोहा अतिशयोक्तिपूर्ण होने के कारण अधिक समय तक स्मरण रखा जा सकता है।

2. कल्पना जितनी अधिक रंगीन या विभिन्न रंगों युक्त होगी अध्ययन सामग्री उतनी अधिक याद रहेगी।

3. कल्पना जितनी अधिक हास्यास्पद एवं मनोरंजक होगी, विषय सामग्री उतनी अधिक स्मरण रहेगी।

मानसिक व्यायाम — शब्द कोश वृद्धि

शब्द चयन और शब्द सटीकता भाषणकला के आवश्यक अंग हैं। आप लगभग समान अर्थों वाले कितने शब्द प्रयोग में लाते हैं। निम्नलिखित शब्दों की जगह आप कितने समानार्थी शब्द जानते हैं, जैसे :

मित्र - सखा, दोस्त, साथी
डर - भय, खौफ

9

साहचर्य विधि
(Association Method)

"Our mind is an associative machine"

—William James, A Psychologist

महान मनोवैज्ञानिक विलियम जेम्स का उक्त कथन है कि **हमारा दिमाग एक साहचर्य यंत्र है।** साहचर्य का अर्थ, संबंध अथवा संयोजन से है। साहचर्य चेतना की प्रारंभिक विशेषता तथा नाड़ी संस्थान की प्रारंभिक क्रिया भी है। व्यक्ति के विभिन्न प्रकार के अनुभवों में पाए जाने वाले संबंध और संगठन साहचर्य के कारण ही बनते हैं।

यह देखा गया है कि व्यक्ति के मानस पटल पर जब दो अनुभव एक-दूसरे के आगे-पीछे अथवा साथ-साथ उपस्थित होते हैं, तब उन अनुभवों के बीच एक विशेष संबंध स्थापित हो जाता है।

भविष्य में जब कभी इनमें से एक अनुभव मानस पटल पर उपस्थित होता है, तो दूसरा संबंधित अनुभव साहचर्य के कारण स्वतः उपस्थित हो जाता है।

महान दार्शनिक **अरस्तू** का विचार था कि हमें एक वस्तु इसलिए याद होती है कि वह दूसरी वस्तु के समान अथवा विरोधी होती है अथवा इसलिए याद होती है कि दो वस्तुओं का प्रत्यक्षीकरण एक ही समय और स्थान पर होता है तथा समानता रखता है।

अतः जब हम कोई विषय सामग्री पढ़ते हैं, तब उस सामग्री के तथ्य, आंकड़े, सूचना एवं घटनाएं इत्यादि दिमाग में पूर्व से उपस्थित समान जानकारी के साथ चेन की कड़ियों की भांति जुड़ती चली जाती हैं। अतः एक ही अर्थात् समान विषय पर हम जितना अधिक अध्ययन करेंगे, उतने अधिक साहचर्य हमारे दिमाग में बनेंगे। उतनी ही अधिक सामग्री हम स्मरण रख सकेंगे।

एक वक्ता जब अपना भाषण प्रारंभ करता है, तब उसके दिमाग से एक के बाद एक विचार बाहर निकलते प्रतीत से होते हैं। ऐसा तब भी होता है, जब आप किसी को अपने बचपन का संस्मरण या हाल में घटित कोई घटना सुना रहे होते हैं। ऐसे लगता है कि विचारों की सतत श्रृंखला आपस में बंधी हो।

एक अन्य मनोविज्ञान के सिद्धांत के अनुसार ऐसा मानें कि दिमाग में करोड़ों खूंटियां हैं। प्रत्येक खूंटी पर असंख्य जानकारियां, तथ्य, घटनाएं और दृश्य टंगे हुए हैं। एक खूंटी के पुनः स्मरण से उस पर टंगी सारी सामग्री आपको एक के बाद एक पुनः स्मरण हो उठेगी। यह भी मनोवैज्ञानिक अध्ययनों से प्रमाणित हो चुका है कि एक खूंटी (Tag) से आप एक समान कितनी भी सामग्री जोड़ सकते हैं।

जो चीज आप स्मरण करना चाहते हैं, उसे उसी तरह के गुण से मिलती हुई एवं पूर्व से स्मरण जानकारी से जोड़ने का प्रयास करें। जैसे आपके किसी मित्र का जन्मदिन 2 अक्टूबर है

और आपको यदि ज्ञात है कि महात्मा गांधी का जन्म भी इसी दिनांक को पड़ता है। अतः मित्र का जन्मदिन स्मरण रखा जा सकता है। वैसे समान चीजों के बीच साहचर्य, मस्तिष्क अचेतन अवस्था में स्वयं करता है। लेकिन आप सोच-विचार कर अपने प्रयास से साहचर्य स्थापित कर मस्तिष्क में धारित करें, तब हम कहेंगे कि आप अपनी स्मृति को प्रशिक्षित कर रहे हैं।

महात्मा गांधी

साहचर्य करने की विधियां (Method's of Association)

साहचर्य, जिसमें नए तथ्य को किसी ऐसी सामग्री से जोड़ देते हैं, जो मस्तिष्क में पहले से धारित हो। इस तरह नए तथ्य, पुराने तथ्यों से निम्नलिखित नियमों से जोड़ सकते हैं :

1. श्रृंखलाबद्धीकरण – (Serial Arranging)
2. समानता – (Similarity)
3. विरोध – (Opposite)
4. वर्गीकरण – (Classification)
5. समान ध्वनि – (Similar Sound)
6. समान गुण – (Similar Characteristic)
7. कार्य और कारण – (Cause & Effect)

साथ ही किसी नये शब्द को स्मरण रखना चाहते हों तो उसके विभिन्न अर्थों को जानिए। उसके पर्यायवाची और विपरीतार्थी शब्दों का पता लगाइए। शब्द का सही प्रयोग, उसका उच्चारण और हिज्जे (Spelling) सीखिए। उस शब्द को अपने लेखन और दैनिक वार्तालाप में प्रयोग करने का यत्न कीजिए।

अपने आलोचक से बचें नहीं, उसे सुनें

निंदक नियरे राखिए, आंगन कुटी छवाय ....।

—गोस्वामी तुलसीदास

अपनी निंदा करने वाले व्यक्ति से बचने का प्रयास न करें। बल्कि उसे गौर से सुनें, क्योंकि वही ऐसा व्यक्ति है जो आपकी कमियों और त्रुटियों को देख सकता है। परिवार के सदस्यों और मित्रों को तो आपके गुण ही नजर आते हैं।

अत: निंदा करने वाले व्यक्ति को सुनकर आप अपने व्यक्तित्व में विकास कर सकते हैं एवं अपने व्यवहार के नकारात्मक पहलू में सुधार कर सकते हैं।

10

शृंखला विधि
(Chain Method)

"ऊंट की पूंछ से ऊंट बांधना"

—एक मुहावरा

कुछ इस तरह की कल्पना कीजिए कि आपको निम्नलिखित 20 शब्द स्मरण करना है। जो आपस में कोई संबंध नहीं रखते हैं—***बोतल, टेबल, पैर, पैंट, रुपया, सेब (फल), चाकू, मछुआरा, सोना, होटल, राजा, घोड़ा, डॉक्टर, अखबार, सिगार, टेलीफोन, खिड़की, चिंड़िया, बंदूक और डाकू।***

जरा आप ही सोचिए कि इन बीस शब्दों को कितनी देर में और कैसे स्मरण करेंगे? संभव है कि आप रटकर याद करें या फिर उक्त सूची में शब्दों को कुछ इस ढंग से वर्गीकृत या संगठित करें कि पुनः स्मरण करते वक्त जानकारी या क्रम आसानी से उपलब्ध हो सके। जैसा कि आपने **'कल्पना की उड़ान'** अध्याय में पढ़ा कि यदि वस्तुओं के चित्र अपनी कल्पना-शक्ति से मस्तिष्क में बनाएं तो ऐसी वस्तुएं अधिक समय तक याद रहती हैं। कल्पना के चित्र जितने रंगीन, अटपटे, बढ़ाचढ़ाकर और हास्यापद होंगे, उतने ही अधिक हमारे दिमाग पर प्रभाव डालेंगे।

सूची का पहला शब्द बोतल है। अतः कल्पना कीजिए कि एक शर्बत या दवाई की बोतल है। दूसरा शब्द टेबल है। अब टेबल की कल्पना कीजिए कि शर्बत की बोतल उस टेबल पर रखी है। तीसरा शब्द पैर है अतः टेबल के चार पैर हैं। अगला शब्द पैंट है अतः कल्पना कीजिए कि टेबल के दो पैर उस पैंट को पहने हुए हैं। जैसा कि आपको ज्ञात होगा कि आप इन शब्दों के कल्पना चित्र भिन्न-भिन्न बना सकते हैं। जैसे कि टेबल के पैर पैंट पहने हुए हैं की जगह आप कल्पना कर सकते हैं कि पैंट टेबल के पैर के नीचे दबा हुआ है।

सूची के बीस शब्दों के कल्पना चित्र यहां दिए जा रहे हैं।

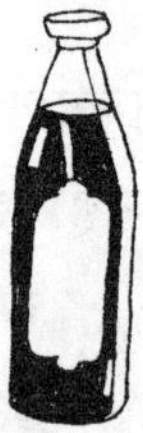

1. एक शर्बत की बोतल है।

2. वह बोतल टेबल पर रखी है।

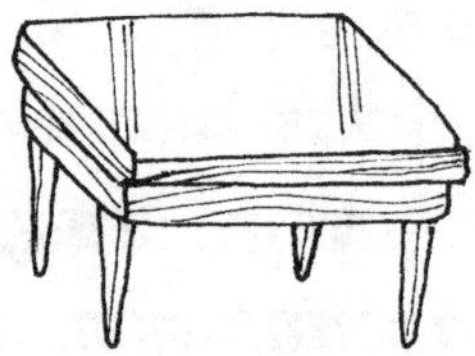

3. टेबल के चार पैर हैं।

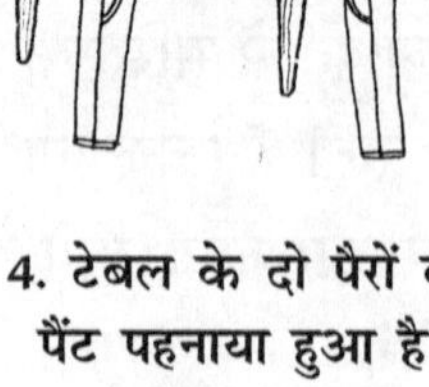

4. टेबल के दो पैरों को पैंट पहनाया हुआ है।

5. पैंट की जेब रुपयों से भरी हैं।

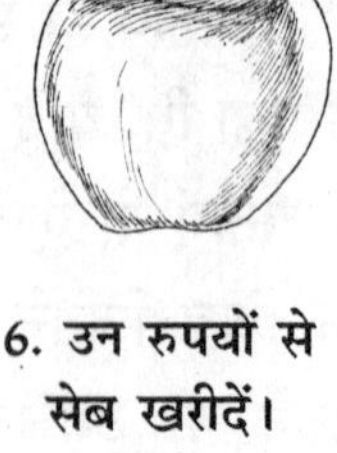

6. उन रुपयों से सेब खरीदें।

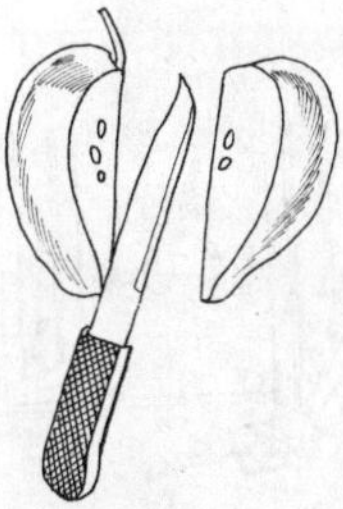

7. सेब को
चाकू से काटा।

8. चाकू को
मछुआरा लिए है।

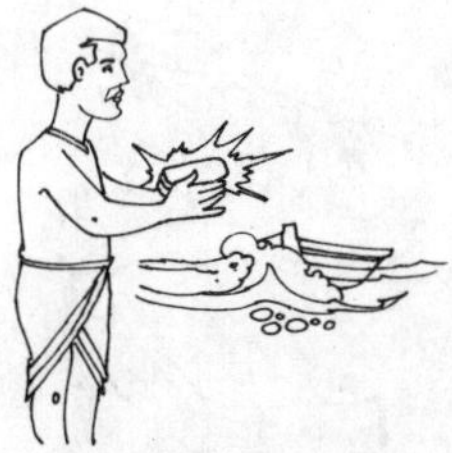

9. मछुआरा सोना
स्मगलिंग करता है।

10. सोने को बेचकर
मछुआरा होटल में
ठहरा है।

11. मछुआरा
होटल में राजा से
मिलता है।

12. राजा घोड़े
पर सवार है।

13. घोड़ा बीमार
है उसे डॉक्टर की
आवश्यकता है।

14. डॉक्टर अखबार
पढ़ रहा है।

15. तथा सिगार
पी रहा है।

16. तभी टेलीफोन की घंटी बजती है।

17. वह टेलीफोन सुनने जाता है, जो खिड़की के पास रखा है।

18. फोन करते, डॉक्टर ने खिड़की से चिड़िया को उड़ते देखा।

19. बंदूक से चिड़िया पर गोली चलाई गई।

20. डाकू ने बंदूक चलाई थी।

> ***"The best way to get a good idea is to get a lot of ideas"***
> ***Linus Pauling : Nobel Physicist***

11

संख्या-चित्र विधि
(Number - Picture Method)

"Creativity is ten percent inspiration and ninety percent perspiration"

—Thomas Edison : Scientists

अब तक आपने पढ़ा कि कल्पना और साहचर्य की सहायता से अध्ययन सामग्री को ज्यादा समय तक मस्तिष्क में धारित कर सकते हैं, साथ ही पुनः स्मरण की आवश्यकता पर सामग्री तुरंत उपलब्ध की जा सकती है। संख्या-चित्र विधि भी कल्पना और साहचर्य पर आधारित है।

इस विधि में आपको अपने मस्तिष्क में ऐसे चित्रों की कल्पना करनी होगी जो अंक 1, 2, 3, 4, 5, 6, 7, 8, 9 और 0 से देखने में समानता रखते हैं। जैसे— अंक 1 पेंसिल के समान दिखता है तथा अंक 2 बतख की गर्दन के समान दिखाई देता है। यहां अंक 1 से 0 तक के समान चित्र दिए जा रहे हैं।

इस संख्या चित्र विधि से आप कोई भी दस चीजें क्रमवार स्मरण रख सकते हैं। अध्ययन के दौरान किसी विषय पर आप

1. पेंसिल

2. बतख

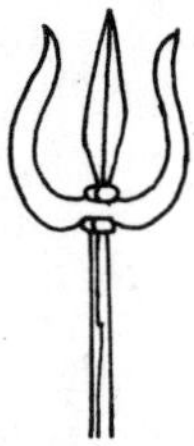

3. त्रिशूल

4. पालनौका

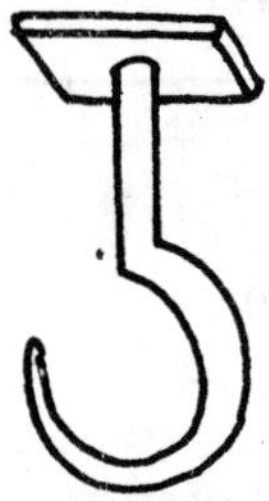

5. हुक

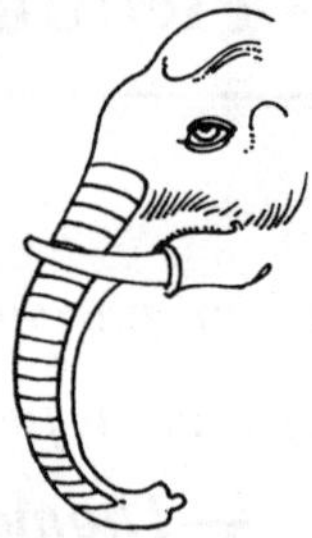

6. हाथी की सूंड

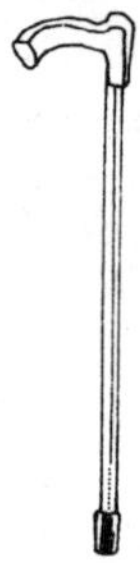

7. छड़ी

8. सांप

9. छतरी

10. फुटबॉल

दस बिंदु स्मरण रखना चाहते हैं, जैसे देश की जनसंख्या वृद्धि के दस कारण हैं— गरीबी, अशिक्षा,..... इत्यादि। प्रत्येक कारण की कल्पना कीजिए तथा उसे संख्या-चित्र विधि से साहचर्य करने का प्रयास कीजिए।

उक्त उदाहरण को दूसरे ढंग से समझाने का प्रयास कर रहा हूं। मान लीजिए, अपको बाजार से निम्नलिखित सामग्री लाने को कहा जाता है—

1. सेब (फल), 2. फ्रॉक, 3. साबुन, 4. तेल, 5. अलार्म घड़ी, 6. थर्मस, 7. ट्यूबरॉड, 8. पर्स, 9 कुर्सी, 10. बल्ब।

इस सूची को संख्या-चित्र विधि से आसानी से स्मरण रखा जा सकता है। आपको करना यह है कि सूची की वस्तु के कल्पना चित्र को प्रत्येक संख्या चित्र से संयुक्त कर एक काल्पनिक दृश्य बनाना है। जैसे—

1. पेंसिल - सेब

2. बतख - फ्रॉक

कल्पना कीजिए कि आपने **सेब** को पेंसिल की नोक पर साध कर रखा है। कल्पना कीजिए कि बतख **फ्रॉक** पहने है।

3. त्रिशूल - साबुन

कल्पना कीजिए कि आप त्रिशूल छाप **साबुन** इस्तेमाल करते हैं।

4. पालनौका - तेल

कल्पना कीजिए कि पालनौका **तेल** के तालाब में तैर रही है।

5. हुक – अलार्म घड़ी

कल्पना कीजिए कि **अलार्म घड़ी** हुक पर टांगी गई है।

6. सूंड – थर्मस

कल्पना कीजिए कि हाथी सूंड से **थर्मस** पकड़े है।

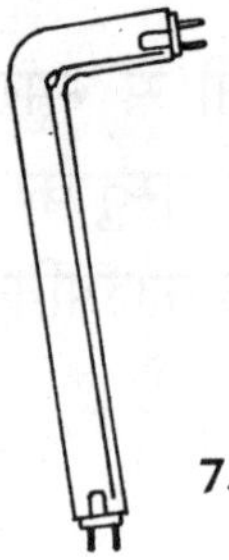

7. छड़ी – ट्यूबरॉड

8. सांप – पर्स

कल्पना कीजिए कि दादाजी की छड़ी **ट्यूबरॉड** के समान जल रही है। कल्पना कीजिए कि **पर्स** के अंदर सांप है और वह फन बाहर निकाले है।

9. छतरी – कुर्सी

कल्पना कीजिए कि कुर्सी के ऊपर **छतरी** बंधी है।

10. फुटबाल – बल्ब

कल्पना कीजिए कि फुटबाल से टकराकर **बल्ब** टूट जाता है।

इन कल्पना चित्रों का अभ्यास कर लें। सूची की किसी भी वस्तु को पुनः स्मरण करने के लिए आप अंक याद कीजिए। जैसे— अंक एक अर्थात् पेंसिल और पेंसिल पुनः स्मरण होते ही दृश्य चित्र – पेंसिल की नोंक पर सेब साध कर रखा है, पुनः स्मरण हो उठेगा। अर्थात् सूची की प्रथम सामग्री सेब है।

अध्याय 10 में वर्णित शृंखला विधि से संख्या चित्र विधि सामग्री पुनः स्मरण की दृष्टि से श्रेष्ठ है, क्योंकि उसकी तुलना में इस सूची की कोई_भी वस्तु चाहे वह किसी भी क्रम पर क्यों न हो, आप पुनः स्मरण कर सकते हैं। जबकि शृंखला विधि में आपने देखा होगा कि सूची में बीस शब्द दिए गए और उन्हें प्रारंभ से अंत तक काल्पनिक चित्रों की सहायता से एक कहानी के रूप में धारण किया गया था। अतः शृंखला विधि में सूची की वस्तु क्रमवार ही पुनः स्मरण कर सकते हैं।

पुस्तक में वर्णित प्रत्येक स्मरण विधि की व्यावहारिक उपयोगिता तथा उनके अच्छे परिणामों के लिए आपको होमवर्क करना होगा। यहां यह स्पष्ट कर देना उचित समझता हूं कि पुस्तक में दी जा रही स्मरण विधियां आपकी सामान्य स्मृति को सहायता प्रदान करेंगी। ऐसा नहीं है कि इन स्मरण विधियों को पढ़कर आपको सामग्री अपने आप स्मरण होने लगेगी।

एक अन्य महत्त्वपूर्ण सुझाव यह है कि आपको हर अध्ययन सामग्री इन स्मरण विधियों से स्मरण नहीं करनी चाहिए। इनका उपयोग आप ऐसी महत्त्वपूर्ण सामग्री को स्मरण करने में कीजिए जो लंबे समय के लिए स्मरण रखनी है। अन्यथा आप अपनी **सामान्य स्मृति** पर भरोसा कर उसका ही उपयोग करें। इस प्रकार अध्ययन सामग्री के पठन के बाद यह तय कीजिए कि सामग्री को धारित करने के लिए निम्नलिखित तरीकों में से किसका उपयोग किया जाए।

सामान्य स्मृति *(General Memory)* : जो हम सब में, सभी दशाओं में हर समय उपलब्ध रहती है। सामान्यतः इसका ही प्रयोग करें।

कार्यात्मक स्मृति *(Functional Memory)* : पुस्तक में दी गई स्मरण विधियों पर आधारित स्मृति कार्यात्मक स्मृति कहलाती है। इसका प्रयोग लंबे समय एवं परीक्षोपयोगी सामग्री को स्मरण करने में करें। हमेशा इसका उपयोग करना अनावश्यक एवं व्यर्थ है।

स्मृति पुस्तक *(Memory Book)* : कुछ महत्त्वपूर्ण कथनों, वाक्यांशों, आंकड़ों तथा तथ्यों आदि को एक खास नोटबुक में लिख लेना और उसे समय-समय पर पढ़ते रहना। आपकी नोटबुक, डायरी भी आपकी स्मृति का हिस्सा है।

उत्तम निद्रा से स्मृति और मानसिक क्षमता में वृद्धि

यूनिवर्सिटी ऑफ शिकागो के मनोवैज्ञानिकों का कहना है कि अच्छी और गहरी नींद से याददाश्त और निखरती है।

यूनिवर्सिटी ऑफ शिकागो के मनोवैज्ञानिकों ने इस अनुसंधान में पाया है कि अच्छी नींद से याददाश्त और मानसिक योग्यता दोनों ही निखरती है। इस अनुसंधान के लिए मनोवैज्ञानिकों ने अंडरग्रेजुएट छात्रों के दो समूह बनाए। दोनों ही समूह के छात्रों को गिबैरिश और अंग्रेजी भाषा के शब्दों के बीच पैटर्न सिखाई गई। इसके बाद एक समूह के छात्रों को कल आने के लिए कहा और दूसरे समूह के छात्रों का उसी दिन टेस्ट लिया गया। उन्हें गिबैरिश भाषा के कुछ शब्द देकर उनसे अंग्रेजी के शब्द बनाने को कहा गया। इस टेस्ट में पाया गया कि जिन छात्रों ने रात में नींद लेने के बाद सुबह टेस्ट दिया, उनका प्रदर्शन अच्छा था। दोनों ही अनुसंधानों के नतीजे बताते हैं कि पर्याप्त नींद याददाश्त व मानसिक योग्यता के लिए बहुत जरूरी है।

12

अंक - अक्षर - पेग विधि
(Number - Letter - Peg Method)

ट्रेन में दो मित्र यात्रा कर रहे होते हैं। दोनों खिड़की के बाहर खेत में गायों का झुंड चरते देखते हैं।

पहला मित्र (दूसरे मित्र से) — अच्छा क्या तुम गिनकर बता सकते हो कि खेत में कितनी गाय चर रही हैं।

दूसरा मित्र — मन में कुछ गणना करता है और जवाब देता है— 98 गाय।

पहला मित्र — (आश्चर्य से!) चलती ट्रेन में से इतनी जल्दी कैसे गिन लिया?

दूसरा मित्र — बहुत ही आसान तरीका है। मैंने सबसे पहले गायों के पैर गिने, *जो 392 थे। उनमें चार का भाग दे दिया।*

☆ ☆ ☆

हमारा मस्तिष्क स्मरण रखने की अपार क्षमता रखता है, लेकिन कुछ लोगों की अंकों में रुचि न होने के कारण वे उन्हें याद नहीं रख पाते हैं। साथ ही अंक अर्थहीन एवं 1, 2.......... 10 तक पुनरावृत्त होते रहते हैं। अध्याय में प्रस्तुत अंक–अक्षर

विधि, अंग्रेजी से देवनागरी लिपि में मेरे अथक प्रयास से विकसित की गई है। विधि आपको कठिन लग सकती है, लेकिन यदि आपको अंकों को स्मरण रखने की चाहत है, तब यह विधि आपको बहुत मदद करेगी। तभी तो अथक प्रयासों के बारे में ऋषियों ने कहा है—

उद्यमेन हि सिध्यन्ति कार्याणि न मनोरथै।
न हि सुषुप्त सिंहस्य प्रविशंति मुखेमृगा॥

—सूक्ति

आपको प्रतिदिन मित्रों के टेलीफोन नंबर, कुकिंग गैस नं. आदि पुनः समरण करने की आवश्यकता पड़ती होगी। इस तरह के कार्य के लिए आप अपने पास निश्चित ही एक छोटी नोटबुक रखते होंगे। लेकिन मान लीजिए आप कुकिंग गैस एजेंसी पर गैस बुक कराने पहुंचते हैं। जब एजेंट आपके गैस कनेक्शन का उपभोक्ता नं. पूछता है। तब आपको याद आता है कि वह नं. तो आपको समरण नहीं है। नोटबुक आप अपने साथ लाना भूल गए हैं। यह भी होता है कि आप बाजार किसी दूसरे काम से निकलते हैं, रास्ता चलते याद आता है कि यदि गैस नं. साथ होता तो आपको गैस बुक कराने के लिए दुबारा न आना पड़ता। ऐसे आड़े वक्त के लिए यहां बताई जा रही विधि से उक्त नं. या अंकों की लंबी शृंखलाएं आप बड़ी आसानी से स्मरण रख सकेंगे।

मान लीजिए आपको निम्नलिखित अंकों की शृंखला याद करनी है – 5226416375271 यह एक तथ्य है कि अंक अमूर्त और अर्थहीन होते हैं। अतः इन्हें स्मरण रखना कठिन होता है। यही अंक यदि किसी विधि से अर्थपूर्ण और मूर्त बनाए जाएं तो

मस्तिष्क में उनके कल्पना चित्र बना सकते हैं। इस विधि में इन अंकों को देवनागरी लिपि के अक्षरों में परिवर्तित कर लेते हैं। आपने देखा होगा कि विज्ञान के विद्यार्थी, रसासन शास्त्र की प्रारंभिक कक्षाओं में तत्त्वों और यौगिकों के फार्मूले कुछ इसी ढंग

से स्मरण रखते हैं। सबसे पहले वे तत्त्वों से सिंबल (Symbol) जैसे—कैल्शियम के लिए Ca, क्लोरीन के लिए Cl, हाइड्रोजन के लिए H, ऑक्सीजन के लिए O, स्मरण करते हैं। उसके बाद वे इन तत्वों की संयोजकता तथा रासायनिक गुणों के आधार पर इनके फार्मूले क्रमशः क्लोरीन Cl_2, हाइड्रोजन H_2, ऑक्सीजन O_2, स्मरण रखते हैं। यह सब स्मरण रखने के लिए वे कई बार इनको रटते तक हैं। जब वे एम.एस.सी. (रसायन शास्त्र) के विद्यार्थी होते हैं, तब संपूर्ण विषय इन्हें फार्मूलों और रासायनिक क्रियाओं द्वारा स्मरण रहता है।

इसी प्रकार इस विधि में सर्वप्रथम अंक 1, 2, 3, 4, 5, 6, 7, 8, 9 और 0 के लिए देवनागरी लिपि के व्यंजन अक्षरों को निश्चित कर लेते हैं। आप इन पर अत्यधिक ध्यान दें। किसी अंक के लिए खास अक्षर ही क्यों चुना जा रहा है, इसका कारण भी बतलाया जा रहा है। अंक 1 के लिए अक्षर ब या व होंगे। जो इस अंक के अंग्रेजी शब्द वन का पहला अक्षर व या उसका समुच्चारित अक्षर ब है।

अंक 2 के लिए अक्षर द होगा, जो शब्द दो का अक्षर है।

अंक 3 के लिए अक्षर त होगा, तो शब्द तीन का पहला अक्षर है।

अंक 4 के लिए अक्षर च या र होगा, जिसमें शब्द चार का प्रथम अक्षर च या अंतिम अक्षर र है।

अंक 5 के लिए अक्षर प होगा, जो शब्द पांच का पहला अक्षर है।

अंक 6 के लिए छ या ग होंगे, जिसमें शब्द छह का अक्षर, अंक 6 को उलटा करने पर ग अक्षर बनाता है।

अंक 7 के लिए अक्षर स या श होंगे, जिसमें शब्द सात का प्रथम अक्षर तथा अक्षर श उसका सम्मुचारित है।

अंक 8 के लिए ट, ठ या क होंगे, जिसमें अक्षर ट और ठ शब्द आठ के अंतिम अक्षर का समुच्चारित है। साथ ही अक्षर का की खड़ी लाइन हटा देने से अंक 8 (ळ) जैसा दिखता है।

अंक 9 के लिए अक्षर न होगा, जो शब्द नौ का अक्षर है।

अंक 0 के लिए अक्षर ज होगा, जो अंग्रेजी शब्द जीरो का प्रथम अक्षर है।

आप सोच रहे होंगे कि यह तो अत्यंत जटिल विधि है। लेकिन यह विधि आपकी अंकों संबंधी समस्या ही समाप्त कर देगी। जरा एक बार उक्त अंकों को जिन अक्षरों में परिवर्तित किया गया है, उन्हें एक साथ देखें—

अंक	अक्षर	अंक	अक्षर
1.	ब, व	6.	छ, ग
2.	द	7.	स, श
3.	त	8.	ट, ठ, क
4.	च, र	9.	न
5.	प	0.	ज

अब आप इन अक्षरों को पेग में परिवर्तित कर सकते हैं। इसके लिए संख्या चाहे 1 अंक की हो या 5 अंकों की। यहां आपको कई उदाहरणों से समझाया जाएगा। इसमें कुछ खास बातें ध्यान में रखनी होंगी, जो निम्नलिखित हैं :

(1) पेग बनाते समय देवनागरी लिपि में जितने भी स्वर और मात्राएं हैं, उनका प्रयोग तो होगा, लेकिन उनका अंकों से संबंध नहीं होगा, जैसे बाग इसमें ब (1) तथा ग (6) है। बाग में बड़े आ की मात्रा का अंक से संबंध नहीं है।

(2) पेग बनाते समय कभी-कभी आधे व्यंजन का प्रयोग किया जाएगा, जिसका अंकों से संबंध नहीं है, जैसे चंदा की संख्या 42 होगी इसमें आधे न का अंक से कोई संबंध नहीं है।

(3) उक्त व्यंजन अक्षरों के अलावा देवनागरी लिपि के बाकी सभी व्यंजन अक्षरों का इन अंकों से संबंध नहीं होगा, जैसे दीमक की संख्या 28 होगी। इसमें अक्षर म महत्त्वहीन है।

यहां कुछ पेग दिए जा रहे हैं जिनसे 2 अंकों से 5 अंकों तक की संख्या बनाई जा सकती है—

उदाहरण 1 अंक पेग

(1) जोंक : ज/0, क/8 / –08

(2) गाय : ग/6, य/ –6 (बतलाए अनुसार य से कोई अंक नहीं बनता है)

(3) पोहा : प/5ह / ह / –5 (ह से कोई अंक नहीं बनता है)

उदाहरण 2 अंक पेग

(1) दांत : द/2 त/3 –23

(2) दीमक : द/2, म/क/8 – 28 (म अक्षर अंकहीन)

(3) चोंगा : च/4, ग/6 – 46

उदाहरण 3 अंक पेग

(1) ताबीज : त/3, ब/1, ज/0 – 310

(3) दरोगा : द/2, र/4, ग/6 – 246

(4) दानव : द/2, न/9, व/1 – 291

उदाहरण 4 अंक पेग

(1) दरवाजा : 2410

(2) तजबीज : 3010

(3) शेषनाग : 7796

उदाहरण 5 अंक पेग

(1) तकरीबन : 38419

(2) परिचारिका : 5448

आपको कितने भी अंकों की संख्याएं स्मरण रखनी हों, उदाहरण के लिए आपका बैंक खाता नं. 38419 है तब इसका पेग: **तकरीबन** होगा, जिसे स्मरण रखने की आवश्यकता है। अब मान लीजिए कि आपका कुकिंग गैस नं. 8354448 है, तब आप इनके लिए पेग 83: **कान्ता** और 54448: **परिचारिका** होगा। कल्पना करिए कि **कान्ता** नाम की लड़की हवाई जहाज में **परिचारिका** है। जब आप कुकिंग गैस फोन पर बुक कराएंगे या एजेंसी जाकर बुकिंग कराएंगे, आपको उक्त नं. किसी नोट बुक में लिखने की आवश्यकता नहीं होगी। आपको मात्र **कान्ता परिचारिका** पुनः स्मरण करता है। जिससे आप अपना 8354448 पुनः स्मरण कर सकते हैं

अभ्यास 1 : निम्नलिखित पेग से संख्याएं बनाइए—

जापान........................

दवात ....

गरीब ....

कबाब........................

करीब........................

अभ्यास 2 : निम्नलिखित संख्याओं से पेग बनाइए—

411 ....

763 ....

3419 ....

124 ....

547 ....

इन अभ्यासों के बाद अब अंक 1 से 100 तक के पेग बना लेते हैं।

1.	बाई/बाल	01	जीव
2.	दाई/दाल	02	जर्दा
3.	ताला	03	जूता
4.	चाय	04	जांच
5.	पोहा	05	जीप
6.	गाय	06	जग
7.	सुई	07	जर्सी
8.	टाई	08	जोंक
9.	नाई	09	जानी
10.	बाजा	00	जीजा

अब ऊपर दिए गए पेग को कल्पना जैसे अंक 1 के लिए पेग बाई है। इसको कल्पना कीजिए कि आपके घर काम करने वाली बाई है तथा दो अंक के लिए पेग दाल है। अतः इसके

लिए मस्तिष्क में भोजन की थाली में दाल की कल्पना करें। इसी प्रकार ताला पेग से अपने घर के दरवाजे पर लगे ताले की कल्पना कीजिए। शेष 4 से लेकर 10 तक के अंकों के पेग के कल्पना-चित्र स्वयं विकसित करें।

इन पेग का उपयोग संख्याओं को स्मरण करने में सबसे ज्यादा किया जाएगा। अब आप इस स्थिति में आ गए होंगे कि आप शेष 11 अंक से 100 अंक तक के पेग स्मरण कर सकेंगे। यहां यह बात फिर से ध्यान देने योग्य है कि आपको अंक 1 से 100 तक के पेग स्मरण रखने के साथ कल्पना द्वारा मस्तिष्क में उनका चित्रण जरूरी है।

प्रारंभ में हरेक पेग को मस्तिष्क में चित्रित करना कठिन लग सकता है, लेकिन दो-तीन बार अच्छी तरह अभ्यास के बाद आपको यह सब मनोरंजक खेल जैसा प्रतीत होगा।

11. बाबा	21. दवा
12. बूंद	22. दादा
13. बतख	23. दांत
14. बच्चा	24. दरी
15. बाप	25. दीप
16. बाग	26. दाग
17. बॉस	27. दास
18. बॉट	28. दीमक
19. वन	29. दोना
20. बाज	30. ताज

पेग **बतख** से 13 तथा **दीमक** से 28 अंकों में व्यंजन अक्षर ख और म का उपयोग मात्र पेग बनाने की सहायता हेतु किया गया है। ऐसा आवश्यक नहीं कि उक्त अंकों के यही पेग आवश्यक है। आप भी दिए गए नियमों की सहायता से अपने पेग बना सकते हैं। चूंकि ये 1 से 100 तक के अंकों के पेग हमेशा यहीं रहने हैं। इसलिए ऐसे पेग बनाए जाएं जिनको कल्पना द्वारा मस्तिष्क में चित्रित किया जा सके।

31. तवा	41. चाबी
32. तोंद	42. चांद
33. तोता	43. चिता
34. तीर	44. चोंच
35. तोप	45. चीपा
36. तांगा	46. चोंगा (टेलीफोन का रिसीवर)
37. ताश	47. चश्मा (झरना)
38. तकिया	48. चाट
39. तना	49. चना
40. चूजा	50. पूजा
51. पांव	61. गांव
52. पर्दा	62. छेद
53. पोत	63. छाता
54. पेंच	64. छुरी
55. पापा	65. छीपा
56. पागल	66. छांछ

57. पैसा
58. पालक
59. पान
60. छज्जा
71. सेव
72. सूद-सुदामा
73. सुतली
74. सांची
75. सांप
76. सींग
77. शीशी
78. सोंठ
79. सोना
80. काजी
67. गिलास-गैस
68. छींका
69. छेनी
70. सूजा
81. कौवा
82. कद्दू
83. कान्ता
84. कांच
85. टोपा
86. टांग
87. टेसू-कुर्सी
88. टोंटी, (काका)
89. कान
90. नाजी

उक्त सभी पेग इस तरह से बनाए जाएं कि उनका मस्तिष्क में चित्रण संभव हो। जैसे अंक 55 का पेग पाप भी हो सकता था। लेकिन इसको मस्तिष्क में चित्रण संभव नहीं है। इसीलिए अंक 55 का पेग पापा बनाया गया है, क्योंकि पापा की मस्तिष्क में कल्पना संभव है। अतः 1 से 100 तक इन पेग में यह कोशिश की गई है कि मूर्त (Concrete) शब्दों का प्रयोग किया जाए। क्योंकि मूर्त पेग को दिमाग में चित्रित करना आसान होता है।

91. नाव
92. नदी
96. नाग
97. नक्शा

93. नेता	98. नाक
94. नारी	99. नाना
95. नृप (राजा)	100. बजाज

आप सोचेंगे कि यह विधि अत्यंत कठिन है। पहले अंकों को अक्षरों में, अक्षरों को शब्दों में, शब्दों को कल्पना चित्रों में परिवर्तित करना तो समय की बरबादी होगी, लेकिन ऐसा नहीं है। एक पहलवान का शरीर मजबूत एवं मांसल एक दिन में नहीं बन गया होगा। उसने वर्षों कसरत, खानपान, नियम, संयम और कठिन तपस्या की होती है। उसी प्रकार इस विधि में पारंगत होने के लिए कम से कम एक माह रुचि, श्रम और अभ्यास की आवश्यकता होगी। एक बार विधि में निपुण होने के बाद अंकों से आपको भय नहीं लगेगा। एक बात और यहां स्पष्ट कर देना चाहता हूं कि इस पुस्तक में दी गई अध्ययन सामग्री आपको अपने आप स्मरण नहीं होने लगेगी। आपको होमवर्क करना होगा कि जो सामग्री आप स्मरण करना चाहते हैं, उसे इन विधियों से क़ैसे स्मरण करना है।

अंक-अक्षर पेग विधि की उपयोगिता—

(1) अंकों की बड़ी-बड़ी संख्या स्मरण रखने में।

(2) टेलीफोन नंबर, कुकिंग गैस उपभोक्ता नं., बीमा पालिसी नं., जी.पी.एफ. नं. आदि दैनिक कार्यों में काम आने वाली संख्याएं स्मरण करने में।

(3) अपने मित्रों को अपनी स्मरण शक्ति का लोहा मनवाने में उपयोग कर सकते हैं। आप कोई पत्रिका लें। माना कि आप इंडिया टुडे लेते हैं, उसमें 100 पेज हैं, अब किस पेज संख्या

पर किस चीज का विज्ञापन है, लिख लें। थोड़ा-सा होमवर्क करना होगा। मान लीजिए पेज 99 पर लिबर्टी शू का विज्ञापन है। तब आप 99 का पेग **नाना** और लिबर्टी शू को कल्पना से जोड़कर स्मरण कर लें। कल्पना करें कि **आपके नाना लिबर्टी शू पहनते हैं।** इसी प्रकार पेज 58 पर फ्रिज का विज्ञापन है। तब कल्पना करें कि **पालक** (58) को फ्रिज में रखा गया है। इस तरह पत्रिका के सारे विज्ञापन आप स्मरण कर लें। अब मित्र से कहें कि वह पत्रिका के किस पेज पर कौन-सा विज्ञापन दिया हुआ है, आपसे पूछ सकता है।

(4) इसके उपयोग से इतिहास, अर्थशास्त्र, सांख्यिकी इत्यादि की घटनाएं और आंकड़े स्मरण रख सकते हैं तथा आवश्यकता पड़ने पर तुरंत पुनः स्मरण कर सकते हैं। पुस्तक के आरंभ (परीक्षण-1) में मुगलकालीन शासक अकबर के काल की कुछ घटनाएं एवं उनके वर्ष स्मरण रखने को कहा गया था।

इतिहास का विद्यार्थी जब बादशाह अकबर के शासनकाल को पढ़ता है तब उसे ज्ञात होता है कि अकबर का शासनकाल 1556 से 1605 तक रहा है। अतः उसके काल की सर्वाधिक घटनाएं 16वीं सदी की होंगी। परीक्षण-1 में दी गई घटनाओं में से कुछ तो उसे सामान्य स्मरण-शक्ति से ही स्मरण हो जाती है। इसी प्रकार यहां परीक्षण-1 में से उन्हीं घटनाओं के स्मृति सूत्र दिए जा रहे हैं, जिन्हें मुझे सामान्य स्मृति से याद रखने में असुविधा होती है। चूंकि मुझे मालूम है कि अकबर काल की अधिकतर घटनाएं 16वीं सदी में हुईं, अतः इसे स्मृति सूत्र से स्मरण रखना आवश्यक नहीं है, क्योंकि प्रथम दो अंक 15 होंगे।

यहां कद्दू पेग से 82 बनता है।

1. दीन-ए-इलाही का प्रारंभ - 1582

कल्पना चित्र - स्मृति सूत्र - अकबर ने **कद्दू** पर धर्म लिखा।

2. फतेहपुर सीकरी का निर्माण - 1572

कल्पना चित्र-स्मृति सूत्र - अकबर ने **सूद** (ब्याज) के पैसे से फतेहपुर सीकरी का निर्माण कराया, सूद यानी 72।

3. अमोघत्व का आदेश - 1579

कल्पना चित्र-स्मृति सूत्र - अकबर ने **सोने** के पत्र पर अमोघत्व आदेश लिखवाया। सोने यानी 79।

बुलंद इरादे

"मुझे रास्ता जरूर मिलेगा, यदि नहीं मिला तो मैं बनाऊंगा।"

—सर फिलिप सिडनी

किसी भी महान व्यक्ति की सफलता की नींव में बुलंद इरादे होते हैं। आप भी अपनी सफलता की प्राप्ति के लिए दृढ़संकल्प और बुलंद इरादे से जुट जाइए। विद्वान **विक्टर ह्यूगो** ने कहा है—**"मनुष्य में शक्ति की नहीं संकल्प की कमी होती है"**। पैर तो सभी के होते हैं लेकिन एवरेस्ट पर फतह तेनसिंग, हिलेरी, बच्छेन्द्रीपाल या संतोष यादव ही पाते हैं। अत: हम कह सकते हैं **"ये पहाड़ी, पैर क्या चढ़ते, इरादों ने चढ़ी है।"**

13

भुलक्कड़पन से कैसे बचें
(How to Escape from Absent Mindedness)

सुरेश : *मेरे दादाजी बहुत भुलक्कड़ हैं। एक दिन वे बाहर घूमकर आए। उन्होंने छड़ी पलंग पर लिटा दी। स्वयं कोने में टिककर खड़े हो गए।*

रमेश : मेरे दादाजी इससे भी ज्यादा भुलक्कड़ हैं। एक दिन वे पान खाकर आए।

पान तो उन्होंने पलंग पर थूक दिया और स्वयं खिड़की से बाहर कूद गए।

☆ ☆ ☆

कई बड़े विद्वानों और वैज्ञानिकों के भुलक्कड़ होने के किस्से पढ़ने को मिल जाते हैं। कई पत्नियां अपने पति के भुलक्कड़ होने का रोना रोते देखी जा सकती हैं। कई लोग भुलक्कड़पन को कमजोर स्मरणशक्ति का द्योतक मानते हैं, जबकि ऐसा नहीं है। मेरे एक मित्र को शिकायत है कि वह हमेशा पत्र लिखकर डाक में डालना भूल जाता है। इसी प्रकार आप में से कई लोग चश्मा, रूमाल, छाता, पर्स या चाबी कहीं रखकर भूल जाते होंगे।

जरा कल्पना कीजिए कि यदि आफिस में बॉस द्वारा महत्त्वपूर्ण फाइलें सुरक्षित रखने के लिए दी जाएं और अधीनस्थ ऐसा करना भूल जाएं। तब शायद अधीनस्थ की खैर नहीं है।

विस्मरण और भुलक्कड़पन में अंतर (Difference between Forgetting and Absent Mindedness)

- विस्मरण का अर्थ सामग्री को मस्तिष्क में धारण रखने में असफलता या सामग्री का पुनः स्मरण न कर पाना है। जबकि भुलक्कड़पन का अर्थ किसी कार्य को याद रहते हुए भी मौके पर, समय विशेष में भूल जाना है।
- विस्मरण एक स्वाभाविक मानसिक प्रक्रिया है। जबकि भुलक्कड़पन व्यक्तित्व की कमजोरी है।
- विस्मरण का प्रमुख कारण मस्तिष्क में धारित सामग्री का उपयोग न होना या दोहराया नहीं जाना है। जबकि भुलक्कड़पन का कारण कार्य में जल्दबाजी, अरुचि, चिंता, भय, कुंठा, कार्य की अधिकता या किया जाने वाला कार्य आदत में शुमार न होना है।
- विस्मरण रोकने के लिए धारित सामग्री का दोहराया जाना आवश्यक है। जबकि भुलक्कड़पन को, कार्य को चिंतामुक्त होकर योजनाबद्ध तरीके से समय पर करके रोका जा सकता है।

विस्मरण के कारण एवं निवारण (Causes and Cure of Absent Mindedness)

(1) **जल्दबाजी :** भुलक्कड़पन का प्रमुख कारण जल्दबाजी है। भागमभाग में आप आफिस जाते वक्त, यात्रा पर जाते समय,

स्टेशन पहुंचकर ट्रेन पकड़ते समय आप जल्दबाजी में कुछ न कुछ ले जाना भूल जाते हैं। समाधान हेतु आवश्यक है कि आप समय से तैयार हों। उक्त हेतु आपको क्या-क्या सामग्री ले जानी है, इसकी चेकलिस्ट पूर्व में ही बनाकर उससे सामग्री का मिलान कर लें।

(2) **कार्य में रुचि न होना :** किसी कार्य में आपकी रुचि न होने पर भी यदि उसको करना अनिवार्य है। तब बेहतर कि आप उसमें रुचि जागृत करें। वरना उक्त कार्य में कुछ भूल होने की स्थिति में आपको अपमान का सामना करना पड़ेगा।

(3) **कार्य की अधिकता :** कार्य की अधिकता भुलक्कड़पन का महत्त्वपूर्ण कारण है। इसके लिए आवश्यक है कि अधिक परिश्रम कर कार्य समय पर संपादित करने की कोशिश करें। कार्य को प्राथमिकता एवं वरीयता के आधार पर वर्गीकृत कर लें, फिर उसे पूर्ण धैर्य एवं योजनाबद्ध तरीके से पूर्ण करें। किए जाने वाले कार्यों की एक सूची बना लें, जैसे ही एक कार्य पूर्ण हो जाता है, सूची में उसे काट दें। सूची में बचे कार्य अगले दिन की सूची में जोड़ लें।

(4) **चिंता, भय, क्रोध एवं हीनग्रंथि :** ये व्याधियां शरीर एवं मस्तिष्क को प्रभावित करती हैं। चिंता के बारे में कहा गया है— **चिंता चिता से बढ़कर होती है। यह शरीर और मस्तिष्क दोनों को ही खोखला कर देती है।** अतः सदैव प्रसन्न, भयमुक्त और शांत रहने का प्रयास करें। हीन भावना से भी घबराहट एवं अपनी क्षमताओं में अविश्वास की स्थिति पैदा होती है। अतः हीनभावना त्याग दें। अपने इरादे एवं आत्मविश्वास बुलंद रखें। **ई. रुजवेल्ट के अनुसार— "याद रखिए, आपकी स्वीकृति के बिना, आपको कोई हीन महसूस नहीं करा सकता है।"**

(5) **अव्यवस्थित आदतें :** किसी भी चीज को कहीं भी रख देना फिर आवश्यकता पड़ने पर पूरे घर में तलाशना एवं परेशान होना। जैसे-यदि आप रूमाल, चश्मा, चाबी, पर्स या मोजे आदि कहीं भी रखकर भूल जाते हैं। तब आप ऐसी आदत बनाइए कि जैसे ही घर में पहुंचे उक्त सभी वस्तुएं स्थान निर्धारित कर हमेशा वहीं रखिए।

कुछ खास समस्याओं के हल

मि. क पत्र लिखकर डाक में डालना भूल जाते हैं। जबकि शहर भ्रमण के दौरान कई पोस्टबाक्स उन्हें रास्ते में मिलते हैं। इसका हल उन्हें बताया गया कि जब मि. क घर से निकलें वे तब तक पत्र को अपने हाथ में रखें, जब तक उसे पोस्ट नहीं कर देते हैं। लेकिन यदि वे वाहन से जाते हैं, तब पत्र को कमीज की जेब में रखें। जिस व्यक्ति को पत्र लिखा गया है कल्पना करें कि वह रास्ते में पड़ने वाले पोस्टबाक्स पर बैठा है। अब घर से चल दें। जैसे ही रास्ते में पोस्टबाक्स सामने आएगा मि. क को तुरंत उस व्यक्ति का चित्र कल्पित हो उठेगा और उन्हें याद आ जाएगा कि उन्हें पत्र पोस्ट करना है।

मि. ख से उनका मित्र गोदान उपन्यास लाने को कहता है। लेकिन मि. ख का उत्तर होता है, सॉरी घर से आफिस आते समय याद ही नहीं रहा। यह क्रम कई दिनों तक चलता रहा। मि. ख को यह करना चाहिए कि जब वह आफिस से घर पहुंचें तब दरवाजे पर कुछ इस प्रकार कल्पना करें कि श्री मुंशी प्रेमचंद वहां बैठे गोदान लिख रहे हैं। दूसरे दिन जब मि. ख आफिस के लिए निकलेंगे, तब दरवाजे पर पहुंचते ही उन्हें वह कल्पनाचित्र स्मरण हो उठेगा और वह उपन्यास ले जाना नहीं भूलेंगे।

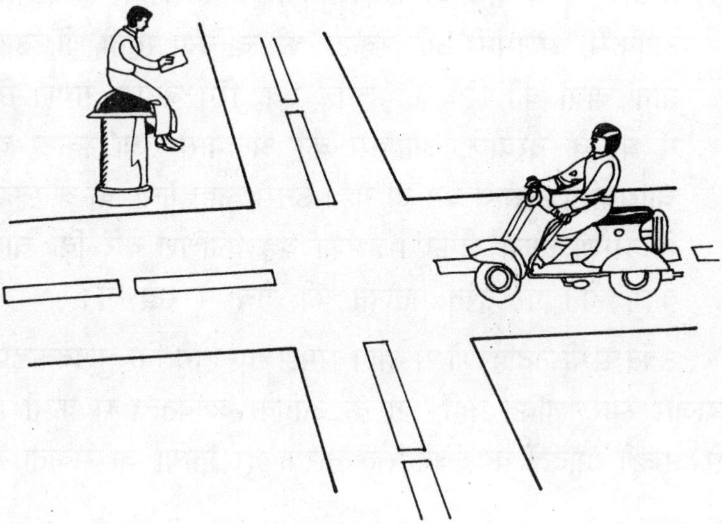

मि. ग मिलनसार लेकिन भुलक्कड़ इनसान हैं। ऑफिस में वे अपना कार्य तत्परता से समाप्त कर सबसे मिलना आरंभ करते हैं। इसी दौरान किसी की मेज पर पेन या चश्मा भूल जाते हैं तो किसी के पास चाबी का रिंग। जब उन्हें इन चीजों की आवश्यकता होती है। तब सभी जगह ढूंढ़ते रहते हैं। उनके इस भुलक्कड़पन का मनोवैज्ञानिक अध्ययन कर उन्हें अपनी आदत में निम्नलिखित सुधार करने के सुझाव दिए गएः

(1) जब भी वे अपना पेन किसी को दें तब तक उसका ढक्कन अपने पास रखें जब तक उन्हें पेन वापस नहीं मिल जाता है। पेन वापस मिलते ही उसे निर्धारित जेब में रख लें।

(2) धूप के चश्मे के लिए उनसे कहा गया कि वे जैसे ही अपने आफिस पहुंचते हैं। उनके चश्मे का कार्य समाप्त होने से उसे सूटकेस या जेब में रख लें।

(3) वे अपने साथ चाबी के तीन रिंग जिनमें क्रमशः घर के दरवाजे, आफिस, अलमारी और स्कूटर की चाबियां रहती थीं, उनमें तीन चाबी की रिंग की जगह एक रिंग बनाया गया। रिंग में घर के दरवाजे, आफिस की अलमारी तथा स्कूटर की चाबियां एक साथ कर दी गईं। उनसे कहा गया कि वे स्कूटर में हमेशा ताला लगाएं। हमेशा यह कोशिश करें कि चाबी कार्य होने पर तुरंत पतलून की जेब में रख लें।

उक्त सभी उदाहरणों से आप समझ गए होंगे कि भुलक्कड़पन कमजोर स्मरणशक्ति नहीं, बल्कि आपके व्यक्तित्व में कमी है। इसे अच्छी आदतों को विकसित करके दूर किया जा सकता है।

भुलक्कड़पन और महान व्यक्तित्व (Absent Mindedness and Great Personalities)

अमेरिका के ड्बाइट मारो एक बार ट्रेन यात्रा के दौरान पुस्तक पढ़ने में व्यस्त थे। इतने में टिकट चेकर ने आकर टिकट दिखाने को कहा। मारो ने एक-एक करके अपनी सभी जेबें टटोल डालीं पर टिकट नहीं मिला। मारो बेहद घबरा गए। वे बिल्कुल भूल गए थे कि टिकट उन्होंने कहां रखा है। संयोगवश टिकट चेकर उन्हें जानता था। वह बोला— कोई बात नहीं प्रोफेसर साहब, टिकट जब भी मिले दिखा दीजिएगा। मैं जानता हूं कि टिकट आपने अवश्य खरीदा होगा, क्योंकि आप बिना टिकट सफर कर ही नहीं सकते।

अंग्रेज वैज्ञानिक टामस हक्सले अकसर भूल जाते थे कि घर से कहां जाने के लिए अथवा किस उद्देश्य से निकले थे। एक बार उन्हें किसी दूसरे शहर में भाषण देने जाना था। वे ट्रेन द्वारा उस शहर में पहुंच गए। ट्रेन लेट हो गई थी, अतः वे उतावली

में थे। शीघ्रता से प्लेटफार्म पार कर वे एक घोड़ागाड़ी में बैठ गए और बोले-कोचवान बहुत तेजी से ले चलो। कोचवान ने गाड़ी दौड़ा दी। एक चौराहे पर आकर उसने गाड़ी रोक दी और पूछा-साहब, किधर चलना है? अब तक हक्सले यह भूल गए थे कि उन्हें कहां जाना है और किस काम से जाना है। वे हड़बड़ा गए पर होशोहवास कायम रखने का नाटक करते हुए उन्होंने उलटा कोचवान से पूछा—मैंने तुम्हें कहां चलने के लिए कहा था?

कोचवान ने उत्तर दिया— साहब, आपने तो केवल तेज चलने के लिए कहा था। अब हक्सले की हालत देखने लायक थी।

☆ ☆ ☆

अलबर्ट आइंस्टाइन भी कम भुलक्कड़ नहीं थे। एक बार वे पेरिस गए और एक बड़े होटल में ठहर गए। सामान रखने के बाद वे भ्रमण के लिए निकले। काफी देर घूमने के बाद उन्हें अचानक ख्याल आया कि उन्हें अपने होटल का नाम और पता याद नहीं है। अब कहां जाएं? क्या करें? बहरहाल, उन्होंने कई लोगों को रोककर पूछना शुरू कर दिया। क्या आप मेरे होटल का नाम-पता बता सकते हैं?

लोग पूछते— आपके होटल का नाम क्या है?

आइंस्टाइन बुझे स्वर में कहते— वह तो मुझे याद नहीं है। गली या सड़क का नाम पूछने पर भी उनका उत्तर यही होता— मुझे याद नहीं। यह सुनकर लोग उन्हें पागल समझते और मुस्करा कर चले जाते। एक व्यक्ति तो इतना झल्लाया कि व्यंग्य करते हुए कहने लगा— आपको अपना नाम भी याद है या नहीं? अब आइंस्टाइन के चेहरे पर थोड़ी चमक आई। वे बोले— क्यों नहीं, मेरा नाम आइंस्टाइन है।

आइंस्टाइन का नाम विश्वविख्यात था। अतः प्रश्नकर्ता ने तुंरत अपनी अशिष्टता के लिए क्षमा मांगी, फिर उसने पुलिस की सहायता से पता किया कि प्रसिद्ध वैज्ञानिक आइंस्टाइन किस होटल में ठहरे हैं। और स्वयं साथ चलकर उन्हें सादर होटल तक पहुंचा दिया।

मानसिक व्यायाम

(पहेली बूझो, मानसिक क्षमता बढ़ाओ)

दो व्यापारी हैं। वे गांव-गांव जाकर मापकर घी खरीदते हैं। उन्होंने 8 किलोग्राम घी खरीदा। इसी बीच उनमें आपस में झगड़ा हो जाता है। उन्हें 4-4 किलो घी बांटना है। उनके पास तीन कनस्तर हैं, जिनका माप 8, 5 और 3 किलो है।

वे घी को कनस्तरों में उलटपलट कर कैसे बांटेंगे। माप अनुमान से नहीं होगा। जवाब कम से कम उलटपलट कर होना चाहिए।

14

अपनी स्मरण-शक्ति से दोस्तों को चकित कीजिए

(Amaze Friends with Your Memory)

"It is not enough to have a good mind the main thing is to use it well"

—Rene Descartes : Mathematician

आपको यह जानकर आश्चर्य होगा कि सशस्त्र बल की बटालियन में हवलदार मेजर को लगभग 1000 कर्मचारियों के नाम तथा उनके बैज नंबर याद रहते हैं। गणना के समय वह कर्मचारियों को मात्र उनके बैज नं. बोलकर सुनाता है। उस हवलदार मेजर को 1000 कर्मचारियों के नाम बैज नं. सहित स्मरण रहने का रहस्य निरंतर अभ्यास और निरंतर प्रयोग में आने के कारण अंकों को स्मरण रखने की अनिवार्यता तथा रुचि है।

आप भी मानवीय कंप्यूटर बनने की क्षमता रखते हैं। आवश्यकता सिर्फ इस बात की है कि आप भी इन अंकों से घबराना छोड़िए। अब जरा तालिका 1 पर 5 मिनट नजर डालिए। इसमें क्रमांक और कॉलम में तीन-तीन अंकों की संख्याएं हैं। क्या बिना देखे क्रमांक 1 की चारों संख्या या कॉलम क की चारों संख्या पुनः स्मरण (Recall) कर सकते हैं।

तालिका 1

क्र.	क	ख	ग	घ
1.	310	100	743	213
2.	246	547	947	143
3.	553	634	763	124
4.	884	641	244	719

सर्वप्रथम तालिका में दी गई तीन अंकों की संख्याओं के अंक-अक्षर पेग विधि से बनाते हैं। जैसे संख्या 310 के अंकों के अक्षर क्रम : 3 के लिए त, 1 के लिए ब और 0 के लिए ज होंगे। इन अक्षरों से पेग ताबीज। इसी प्रकार शेष संख्याओं के पेग तालिका-2 में दर्शाए गए हैं। इन पेग का अच्छी तरह से अभ्यास कर लें। इन्हें आगे संख्या-पेग से संबोधित करेंगे।

तालिका 2

क्र.	क	ख	ग	घ
1.	ताबीज	बजाज	सरोता	दवात
	310	100	743	213
2.	दरोगा	पारसी	नरेशी	बारात
	246	547	947	143
3.	पपीता	छतरी	संगीता	बंदर
	553	634	763	124
4.	ठठेरा	गरीब	दरार	साबुन
	884	641	244	719

चूंकि यह विधि मानसिक कसरत करने जैसी है, इसके अभ्यास से अंकों के प्रति आपकी रुचि बढ़ेगी। उनके प्रति आकर्षण और उत्साह में वृद्धि होगी।

तालिका 2 में कालम क के लिए लाइन 1, 2, 3, 4 को क 1, क 2, क 3, क 4 से संबोधित करेंगे। इसी प्रकार ख, ग और घ कालम के लिए प्रयोग करेंगे। इस प्रकार अंकों के कुल 16 सेट तथा उनके दर्शाए गए पेग्स तैयार हो जाएंगे। अब जैसे क 1 की संख्या 310, ख की संख्या 100, ग 1 की संख्या 743 तथा घ की संख्या 213 है।

अगली कार्यवाही में सभी 16 से क 1 से घ के प्रारंभ के अक्षरों तथा क्रमांक के अंक विधि द्वारा पेग्स बना लेंगे। जैसे क 1, क - व अर्थात् कवि, क 2 - कद्दू, क 3 को कौवा, क 4 को कार, घ, घाव व 2 तोंदू, घ 3 घात और घ 4 के लिए घोंचू पेग्स तैयार कर लेंगे। आगे इन्हें सेट-पेग से संबोधित करेंगे।

तालिका 2 में दिए गए संख्या-पेग के कालम तथा लाइन के अनुसार जोड़े बना लेंगे। जिन्हें कल्पना-चित्रों से निम्नानुसार स्मरण कर लें।

इन कल्पना चित्रों का तीन-चार दिन तक 10-15 मिनट अभ्यास करें। जब इतना अभ्यास हो जाए तो आपको सेट-पेग से संख्या-पेग पुनः स्मरण होने लगे, तब आप उसे अपनी स्मरण शक्ति से बतला देंगे। उदाहरण के लिए आपका मित्र पूछता है कि कालम घ 4 की संख्या क्या है। तब आपको घ 4 का सेट-पेग घोंचू है। घोंचू याद होते ही आपको घोंचू छाप साबुन भी याद आ जाएगा। अतः संख्या-पेग साबुन है। अर्थात् संख्या 719 होगी। आपका मित्र चकित रह जाएगा।

कालम	सेट-पेग	संख्या-पेग कल्पना करें कि
क 1	कवि-ताबीज	कवि **ताबीज** पहने है।
क 2	कद्दू - दरोगा	दारोगा सिर पर **कद्दू** रखे घूम रहें हैं।
क 3	कांता - पपीता	कांता **पपीता** खा रही है।
क 4	कार - ठठेरा	**ठठेरा** गुस्से से कार को ठोक-ठोक कर चपटा कर रहा है।
ख 1	खब्बू - बजाज	खब्बू **बजाज** पंखे पर बैठा है।
ख 2	खाद - पारसी	**पारसी** का खाद बनाने का कारखाना है।
क 3	खेत - छतरी	खेत में पौधों को धूप से बचाने के लिए **छतरियां** लगी हैं।
ख 4	खांचा - गरीब	**गरीब** आदमी खांचे से मूर्तियां बना रहा है।
ग 1	गांव - सरोता	लखीपुर गांव में **सरोते** बनाए जाते हैं।
ग 2	गिद्ध - नरेश	**नरेश** की गिद्ध जैसी आंखें हैं।
ग 3	गीता - संगीता	गीता, **संगीता** सगी बहन हैं।
ग 4	गारा - दरार	**दरार** को गारे से भर दिया।
घ 1	घाव - दवात	घाव से खून रिसकर **दवात** में इकट्ठा हो रहा है।
घ 2	घोदू - बारात	घोदू की **बारात** निकल रही है।
घ 3	घात - बंदर	**बंदर** ने घात लगाकर फल छीना।
घ 4	घोंचू - साबुन	घोंचू छाप **साबुन**।

15

अध्ययन में भोजन एवं स्वास्थ्य का महत्व

(Importance of Food and Health in Study)

"स्वस्थ मस्तिष्क, स्वस्थ शरीर में रहता है"

—महात्मा गांधी

शारीरिक या मानसिक कार्य करने के लिए ऊर्जा की आवश्यकता होती है। इसी प्रकार अध्ययन में आपको शारीरिक एवं मानसिक दोनों प्रकार के कार्य करने होते हैं। जिसके लिए ऊर्जा हम भोजन से प्राप्त करते हैं। हमारे शरीर को भोजन से निम्नलिखित पदार्थों की एक निश्चित मात्रा नियमित प्राप्त होना आवश्यक है: 1. कार्बोहाइड्रेट, 2. वसा, 3. प्रोटीन, 4. खनिज, 5. विटामिंस और 6. जल।

कार्बोहाइड्रेट (Carbohydrates) : कार्बोहाइड्रेट शरीर के लिए आवश्यक उर्जा का प्रमुख स्रोत हैं। भोजन से प्राप्त कैलोरी का 55–75 प्रतिशत भाग कार्बोहाइड्रेट से ही प्राप्त होता है। हम गेहूं या चावल जैसे अनाज एवं आलू इत्यादि से स्टार्च के रूप में कार्बोहाइड्रेट प्राप्त करते हैं। कार्बोहाइड्रेट के पाचन के बाद

निर्मित ग्लूकोज और फ्रकटोज रक्त संचरण के माध्यम से शरीर के विभिन्न अंगों में पहुंच कर ईंधन के रूप में उर्जा प्रदान करते हैं।

वसा (Fat) : यह उर्जा का संघनित स्रोत है। यह कार्बोहाइड्रेट से दुगुनी प्रति यूनिट उर्जा प्रदान करती है। भोजन में वसा की मात्रा संतुलित ही होनी चाहिए, क्योंकि नारियल का तेल, मक्खन, घी और वनस्पति तेल का अधिक सेवन रक्त वाहिनियों में कोलेस्ट्रोल की मात्रा बहुत बढ़ा देता है। जबकि मूंगफली का तेल या तिल्ली का तेल जैसे वसा कोलेस्ट्रोल का स्तर ज्यादा नहीं बढ़ाते हैं।

प्रोटीन (Protein) : प्रोटीन शरीर की मांसपेशियों तथा अन्य ऊतकों के निर्माण के लिए सर्वाधिक उपयोगी एवं आवश्यक पदार्थ है।

विटामिन्स (Vitamins) : विटामिनों को दो वर्ग में विभाजित किया जा सकता है। 1. वसा में विलेय विटामिन ए, डी. ई और के, 2. जल में विलेय विटामिन बी और सी। विटामिन उपापचय में सहयोगी होते हैं।

खनिज (Minerals) : शरीर को खनिजों की सूक्ष्म मात्रा की ही आवश्यकता होती है, फिर भी ये शरीर के संचालन के लिए अत्यंत महत्त्वपूर्ण हैं। जैसे रक्त में नमक (सोडियम क्लोराइड) की मात्रा 0.9 प्रतिशत होती है जो आसमोटिक दबाव नियंत्रित करती हैं। इसी प्रकार पोटेशियम और मेगनेशियम स्नायु संकुचन के लिए आवश्यक हैं।

- नमक की आपूर्ति भोजन से हो जाती है।
- पोटेशियम शीरा, केला, खजूर तथा आलू से प्राप्त किया जा सकता है।

विटामिनयुक्त आहार

- कैल्शियम तथा फास्फोरस हड्डियों की मजबूती के लिए आवश्यक है। कैल्शियम रक्त जमने, हृदयगति, एन्जाइम तथा हारमोंस के निर्माण में आवश्यक है।
- कैल्शियम दूध, हरी पत्तीदार सब्जियां, गाजर आदि से प्राप्त होता है।
- फास्फोरस अनाज, दूध, अंडा, मछली तथा मांस से प्राप्त होता है।

प्रोटीनयुक्त आहार

- लोहा रक्त में हीमोग्लोबिन के निर्माण में आवश्यक है। इसकी कमी से एनीमिया हो जाता है। लोहा यकृत, दालों तथा हरी पत्तीदार सब्जियों से प्राप्त किया जा सकता है।

- आयोडीन थायरोक्सिन हारमोन निर्माण में आवश्यक है। इसकी कमी से गलघेंघा (गोइटर) रोग हो जाता है। आयोडीन प्याज, समुद्री मछलियां तथा आयोडीन युक्त नमक से प्राप्त किया जा सकता है।
- जल तथा रफेज — एक औसत व्यक्ति में लगभग 45 लीटर पानी अर्थात् शरीर भार का 70 प्रतिशत जल से निर्मित होता है तथा भोजन के पाचन और अवशोषण के लिए अत्यंत आवश्यक है। पत्तेदार तथा रसेदार सब्जियां जिनमें सेलूलोज होता है, रफेज कहलाती हैं। रफेज युक्त भोजन पाचन में मदद करता है। रफेज कब्ज होने से बचाता है।

विद्यार्थी को प्रतिदिन आवश्यक ऊर्जा (Required Energy for a Student Perday)

हम प्रतिदिन जो भोजन ग्रहण करते हैं उससे शरीर के संचालन हेतु जो ऊर्जा प्राप्त होती है। उसे **कैलोरी** में मापते हैं। वैसे आम भारतीय को भोजन में प्रतिदिन 2500 से 3500 कैलोरी की आवश्यकता होती है। 3500 कैलोरी ऊर्जा धावक और कठोर परिश्रम करने वाले व्यक्ति को तथा 2000 से 2500 कैलोरी विद्यार्थी को लेनी चाहिए जो शारीरिक और मानसिक दोनों प्रकार की क्रियाएं करता है।

संतुलित आहार *(Balanced Food) :* संतुलित आहार का अर्थ है ऐसा भोजन जिसमें सभी पोषक पदार्थ सही मात्रा में हों, संतुलित आहार अत्यंत आवश्यक है। ऐसा देखा गया है कि आम भारतीय के भोजन में कार्बोहाइड्रेट का बाहुल्य होता है। जबकि प्रोटीन की कमी रहती है।

भोजन से संबंधित महत्त्वपूर्ण बिंदु (Some Important Point Related to Food)

- भोजन में जितनी अधिक विविधता होगी भोजन उतना अधिक पोषक बनेगा, क्योंकि किसी भोज्य पदार्थ में सभी पोषक तत्त्व होना संभव नहीं है।
- अंडा विटामिन सी को छोड़कर अन्य सभी पोषकों का समृद्ध स्रोत है। इसकी प्रोटीन उच्च गुणवत्ता वाली होती है।
- भोजन शांति से एवं अच्छी तरह चबा-चबा कर खाएं।
- भोजन करने के बीच थोड़ा-थोड़ा पानी पिएं, क्योंकि बीच में ज्यादा पानी पीने से पाचन में रुकावट आती है। इसी प्रकार कई लोग पूरा खाना खाने के बाद ही पानी पीते हैं। इससे भी भोजन के पाचन में दिक्कत आती है, क्योंकि भोजन के पाचन के समय भोज़न में निश्चित तरलता होना आवश्यक है।
- सोने से पूर्व एक गिलास गुनगुने दूध का सेवन करें।
- परीक्षा के दिनों में किसी फिजीशियन की सलाह से अतिरिक्त मल्टीविटामिन गोलियियों, स्वास्थ्य टॉनिक एवं स्मृति-वर्धक दवाई ली जा सकती है। प्रयोगों से ऐसे परिणाम प्राप्त हुए हैं कि अतिरिक्त पोषक पदार्थ लेने से अस्थायी 10 पाइंट तक बुद्धिलब्धि एवं स्मृति में वृद्धि की जा सकती है।

स्वास्थ्य परीक्षण सूची (Check List for Health)

अध्ययन काल में शरीर और मस्तिष्क का पूर्ण स्वस्थ होना अत्यंत आवश्यक है। यहां ऐसे बिंदु दिए जा रहे हैं जो वैज्ञानिक और चिकित्सीय दृष्टि से अत्यावश्यक हैं, साथ ही आपके स्वास्थ्य

को प्रभावित करते हैं। जिससे आपके अध्ययन में व्यवधान आ जाता है। कोशिश की जा रही है कि जहां तक संभव होगा, हर बिंदु का वैज्ञानिक कारण भी दिया जाएगा। आप हर रविवार को सारे बिंदुओं के आधार पर अपनी दिनचर्या चेक करें :

1. सुबह जागने के तुरंत बाद और रात को सोने से पहले और भोजन करने के बाद दांतों को अच्छी तरह साफ करें।
2. भोजन से पूर्व सुनिश्चित करें कि आपने अपने हाथ जीवाणु नाशक साबुन से अच्छी तरह धो लिए हैं। अकसर देखा गया है कि विद्यार्थी ऐसा करने में लापरवाही करते हैं।
3. क्या रसोई में आयोडीन युक्त नमक का प्रयोग हो रहा है, क्योंकि आयोडीन शारीरिक एवं मानसिक विकास के लिए अत्यंत आवश्यक है।
4. परीक्षा के समय फिलटर्ड या उबला पानी पिएं।
5. अध्ययन के समय सिर-दर्द या आंखों में आंसू तो नहीं आते हैं। ऐसी स्थिति में अपनी आंखें नेत्र चिकित्सक के चेक कराएं।
6. शौच के समय मल का निरीक्षण करें। कहीं उसमें पिन जैसे सफेद कीड़े तो नहीं हैं। ऐसी स्थिति में चिकित्सक की सलाह लें।
7. चैक करें कि आप दिन में कितनी बार शौच जाते हैं। शौच से पूर्व आपके पेट में मरोड़ (दर्द) तो नहीं होती है। ऐसा अमीविओसिस (पेचिस, आंव) के कारण हो सकता है। भारत में 80 प्रतिशत लोग इससे प्रभावित हैं। यह रोग आंत में रह रहे प्रोटोजोआ (एंटअमीवा हिस्टोलिटिका) के कारण होता है। वैसे यह प्रोटोजोआ आंत में शांति से रहता है। लेकिन

अनजान कारणों से यह आक्रामक होकर आंत की दीवार में घाव कर देता है, जिससे मल के साथ चिकनाहट (आंव) और खून भी आने लगता है। यदि आप दिन में सामान्य से अधिक बार मरोड़ के साथ शौच जाते हैं और मल चिकनाई युक्त लगे। तब चिकित्सक से सलाह लें। यह रोग मानसिक क्षमताओं को प्रभावित करता है।

8. कोई भी एंटीबायोटिक दवा चिकित्सक की सलाह के बिना न लें। एंटीबायोटिक दवाओं के अन्य साइड इफेक्ट के अलावा आंत में रहने वाले उपयोगी बैक्टीरिया जो विटामिन बी संश्लेषित करते हैं। नष्ट हो जाते हैं। इसलिए आपने देखा होगा चिकित्सक इन दवाओं के साथ विटामिन बी काम्पलेक्स की टिकिया कुछ दिनों सेवन के लिए देते हैं।

9. शयन के समय मलेरिया से बचने के लिए मच्छरदानी का प्रयोग करें। अध्ययन के समय शरीर पर पूरे कपड़े पहनें तथा खुले अंग, हाथ और चेहरे आदि पर मच्छर प्रतिरोधी लेप लगाएं।

10. वाहनों के धुएं से उत्पन्न प्रदूषण से बचें, क्योंकि इस धुएं में रांगा (लेड) की मात्रा रहती है, जो सीधे मस्तिष्क को प्रभावित कर मानसिक क्षमता कम कर देती है।

11. अध्ययन कक्ष के पास सर्दी के दिनों में खिड़कियां बंद करके कोयले की सिगड़ी, तेल का दिया या मिट्टी के तेल का स्टोव आदि न जलाएं क्योंकि हवा की कमी में इनसे उत्पन्न होने वाली कार्बन मोनो आक्साइड, रुधिर तंत्र में विलेय है जो मस्तिष्क को प्रभावित करती है एवं मृत्यु भी हो सकती है। अतः ऐसी स्थिति में कक्ष की खिड़कियां सर्दियों के दिनों

में खोलकर रखें एवं सर्दी से बचने के लिए ऊनी वस्त्रों और आवश्यक हो तो बिजली का रूम हीटर को प्रयोग में लाएं।

स्वस्थ शरीर, स्वस्थ मस्तिष्क एवं सुपर मेमोरी

स्कूल ऑफ मेडिसिन के डॉ. एटोनिया कॉनविट का कहना है कि जिस तरह शरीर को स्वस्थ रखने के लिए व्यायाम जरूरी होता है, ठीक उसी तरह व्यायाम से बढ़ती उम्र और दिमाग को भी सही रखा जा सकता है। उन्होंने बताया कि यह धारणा गलत पाई गई है कि बढ़ती उम्र के साथ ही दिमाग भी बूढ़ा होने लगता है। कुछ ऐसे कारक हैं, जिनके चलते दिमाग के ऊतक स्वस्थ बने रहते हैं। ये कारक फिटनेस स्तर पर निर्भर करते हैं।

यूनिवर्सिटी ऑफ इलिनोइस के एक शोधकर्ता स्टैन कोलकॉम्ब ने अपने दल के साथ 55 साल से अधिक उम्र के लोगों के दिमाग का एम.आर.आई. कर पाया कि उनके दिमाग में काफी अंतर था। स्टैन के अनुसार जो व्यक्ति नियमित रूप से व्यायाम करते थे, उनका ग्रे मैटर भी सही था।

उन्होंने बताया कि नियमित तौर पर अगर कार्डियोवास्कुर व्यायाम किया जाए, तो इससे दिमाग के ऊतक भी बने रहते हैं।

इन ऊतकों के ठीक रहने का मतलब है कि स्मृतियां भी सही रहेंगी। उन्होंने बताया कि वजन कम रखने के लिए किए गए व्यायाम ग्लूकोज नियंत्रित करते हैं और अच्छी स्मरण शक्ति की पहली सीढ़ी तो नियंत्रित ग्लूकोज ही है। स्टैन के बताया कि अगर ब्लड शुगर पर ठीक से नियंत्रण नहीं रखा जाए, तो न सिर्फ याद रखने की क्षमता कम होती है, बल्कि दिमाग के एक हिस्से का आकार भी छोटा हो जाता है।

उन्होंने बताया कि सप्ताह में कुछ दिन आधे घंटे तक तेज चलने से भी दिमाग को तरोताजा रखा जा सकता है। उन्होंने बताया कि जो स्मरण शक्ति हमें सोचने में मदद करती है, उसे **इंटेलिजेंट मेमोरी** कहते हैं और यह उम्र के साथ ही बढ़ती है।

मानसिक व्यायाम — पहेलियां बूझो
मानसिक क्षमता बढ़ाओ

समस्याओं के समाधान करने से बौद्धिक विकास होता है।

—गिलफर्ड : मनोवैज्ञानिक

दो दरवाजे हैं — एक स्वर्ग का दूसरा नर्क का।

दो चौकीदार हैं — एक स्वर्ग का दूसरा नर्क का।

एक चौकीदार हमेशा सच बोलता है। दूसरा हमेशा झूठ। यह नहीं पता कौन चौकीदार स्वर्ग का है और कौन नर्क का। साथ ही यह भी नहीं पता कि कौन चौकीदार सही बोलता है और कौन झूठ।

आपको किसी भी एक चौकीदार से एक प्रश्न पूछकर यह तय करना है कि स्वर्ग का दरवाजा कौन-सा है?

हल - हम किसी एक चौकीदार से प्रश्न करेंगे कि मैं यदि दूसरे चौकीदार से पूंछूं तो वह स्वर्ग का दरवाजा कौन-सा बतलाएगा। चौकीदार जो भी दरवाजा बतलाएगा उसके विपरीत दरवाजा स्वर्ग का होगा। चिंतन करें कैसे।

16

अध्ययन में समय प्रबंधन की आवश्यकता
(Need for Time Management in Study)

"अब पछताए होत क्या, जब चिड़िया चुग गई खेत"

—कहावत

विद्यार्थियों को समय के महत्त्व को समझना अत्यंत आवश्यक है। किस समय वे क्या करें। यों कहें कि यदि वे खेलने के समय अध्ययन करेंगे और अध्ययन के समय टेलीविजन देखेंगे तब उनके भविष्य के बारे में अनुमान करना बहुत सरल होगा। कहा जाता है बीता समय कभी वापस नहीं आता। समय के महत्त्व को निम्नलिखित एवं प्रचलित कथनों से भी समझा जा सकता है :

1. समय और अवसर (Chance) किसी का इंतजार नहीं करते हैं।
2. इस पृथ्वी पर गुजरे हुए कल जितना लंबा फासला और कोई नहीं है।

समय के सही उपयोग को ही समय-प्रबंधन कहते हैं। समय प्रबंधन में दिन के उपलब्ध समय को कार्यों की प्राथमिकता एवं

महत्त्व के अनुसार विभाजित सूचीबद्ध कर निर्धारित अवधि में संपादित करने का प्रयास करते हैं।

समय-प्रबंधन का महत्त्व (Importance of Time Management)

1. समय-प्रबंधन आपको क्रियाशील बना देगा।
2. समय प्रबंधन आपके जीवन को व्यवस्थित कर देगा। विद्यार्थी अपना पाठ्यक्रम समय पर पूर्ण कर उसे परीक्षा तक दो-तीन बार दोहरा सकेंगे।
3. समय प्रबंधन से आपकी सीखने की क्षमता में वृद्धि होगी।
4. अच्छा समय प्रबंधन आपके व्यक्तित्व में आकर्षण एवं प्रभावकता पैदा कर देगा।
5. अच्छे समय प्रबंधन से सफलता आपके कदम चूमेगी। अपनी सफलता पर आप भी आश्चर्य करेंगे।
6. अच्छे समय-प्रबंधन से वरिष्ठ अधिकारी आपको अधिक दक्ष और आपसे प्रभावित रहेंगे।

अपने समय-प्रबंधन की क्षमता का परीक्षण कीजिए (Test your Time Management Capacity)

आप निम्नलिखित प्रश्नों के जवाब हां/नहीं में पूर्ण ईमानदारी से दें। सही जवाब परीक्षण के अंत में दिए गए हैं, उन्हें परीक्षण कर लेने के बाद देखें।

1. क्या आप कार्य या अध्ययन से पूर्व योजना और प्राथमिकता तय करते हैं।

   हां/नहीं

2. क्या आप अपने एक कार्य को अपूर्ण छोड़कर दूसरा कार्य आरंभ कर देते हैं।

   हां/नहीं

3. क्या आप परीक्षा के दिनों/कार्य के समय की कमी के दबाव में गाइड या कार्य में शार्टकट अपनाते हैं।

   हां/नहीं

4. कुछ मामलों को समयाभाव से निर्णय टालते रहते हैं।

   हां/नहीं

5. क्या आप दीर्घकालिक तथा अल्पकालिक लक्ष्यों में अंतर स्पष्ट कर उसी के अनुसार अध्ययन, कार्य नीति तैयार करते हैं।

   हां/नहीं

सही उत्तर :

(1) हां। (2) नहीं। (3) नहीं। (4) नहीं। (5) हां।

प्रत्येक सही उत्तर का एक अंक 5 अंक प्राप्ति पर उत्कृष्ट समय-प्रबंधन 4 अंक प्राप्ति अच्छा समय प्रबंधन इससे कम प्राप्तांक पर निम्न समय प्रबंधन प्रदर्शित करेगा।

अच्छे समय-प्रबंधन हेतु कुछ सुझाव (Some Suggestions for Good Time Management)

1. शिक्षासत्र के प्रारंभ से ही पठन-सामग्री का संकलन, पुस्तकों का चयन, वरिष्ठ विद्यार्थियों और शिक्षकों के मार्गदर्शन में जल्दी कर लें। सिलेवस की जानकारी प्रारंभ में ही हो जाना चाहिए।
2. प्रैक्टिकल का कार्य महाविद्यालय में ही पूर्ण करने का प्रयास करें। प्रैक्टिकल रिकार्ड वहीं तैयार कर लें। प्रायः विद्यार्थी प्रैक्टिकल रिकार्ड परीक्षा के दिनों में तैयार करते हैं। जिससे महत्त्वपूर्ण समय बेकार चला जाता है।
3. महाविद्यालय में प्राध्यापक के अध्यापन के समय अत्यंत सक्रियता के साथ ध्यान से व्याख्यान सुनने के साथ उनके कथन ब्लैक बोर्ड पर लिखा/बनाया गया चित्र/ग्राफ आदि तुरंत नोट करें। क्योंकि प्राध्यापक का आख्यान उनके ज्ञान, अनुभव, प्रशिक्षण और सर्वश्रेष्ठ पुस्तकों का सार होता है। वह अमूल्य ज्ञान आपको 40 मिनट के समय में स्पष्ट करते हैं।
4. सभी विषयों को समय प्रबंधन के आधार पर रिवीजन करें।
5. अध्ययन के समय जहां आवश्यक हो तो स्मरण विधियों का प्रयोग करें। प्रतिदिन 10 मिनट आवश्यक रूप से इस बात पर कार्य करें कि सामग्री को कल्पनाशीलता या महसूस कर, कैसे स्मरण रखें।

6. आप महाविद्यालय में औसतन पांच-छः घंटे रहते हैं। अतः इस समय का उपयोग समग्र व्यक्तित्व विकास हेतु NCC, NSS और खेल-कूद में सहभागी बनें।
7. कुछ समय महाविद्यालय पुस्तकालय में अध्ययन करें। पुस्तकों के स्तर और उपादेयता की जानकारी और शिक्षकों से सतत संपर्क रखकर प्राप्त करें।
8. अपने महाविद्यालय में सांस्कृतिक कार्यक्रम प्रभारी, महाविद्यालय पत्रिका संपादक तथा क्रीड़ा अधिकारी से सतत संपर्क रखें। खासकर इन क्रियाकलापों का जुलाई से सितंबर माहों में अधिक महत्त्व है। इसके बाद अपनी समस्त ऊर्जा अध्ययन पर केंद्रित कर दें। महाविद्यालय में वार्षिक योजना का एक शैक्षणिक कलेंडर होता है जिससे किस माह खेलकूद, सांस्कृतिक क्रियाकलाप आदि कार्य जुलाई से अक्टूबर माह में संपन्न कर लिए जाते हैं। विद्यार्थियों का सभी गतिविधियों में भाग लेना उनके पूर्ण व्यक्तित्व विकास के लिए आवश्यक है।
9. समय-प्रबंधन, अनुशासन, समय पाबंदी, गंभीरता और कर्तव्यनिष्ठा से करें।
10. अपने मित्रों और परिचितों में से समय-बर्बाद (Time Killer) की पहचान करें। इन टाइम-किलर्स मित्रों से विनम्रता से कह दें कि आपको अध्ययन करना है।
11. परीक्षा के तीन माह पहले अनुत्पादक क्रियाकलाप जैसे गप्पबाजी, शतरंज खेलना, ताश खेलना आदि से सावधान रहें। क्योंकि इनको प्रारंभ करने का उद्देश्य थोड़े समय मनोरंजन करना होता है। लेकिन जब खेलना प्रारंभ करते हैं तब अधिक समय तक खेलकर काफी समय बेकार चला जाता है।

■■

हिन्दी शब्दकोश और मानक वर्तनी की श्रेष्ठ पुस्तक

स्तुत शब्दकोश की विशेषताएँ–

प्रत्येक शब्द का विस्तृत अर्थ, शब्द का सन्दर्भ स्रोत।

शब्द का विशिष्ट प्रयोग तथा उनसे सम्बन्धित मुहावरे।

शब्द के प्रत्येक वर्ण के आरम्भ का वर्णमाला में स्थानक्रम तथा उच्चारण स्थान का परिचय।

संस्कृत भाषा से आये तत्सम शब्दों, हिन्दी के तद्भव, देशी, विदेशी शब्दों, जिनका उपयोग हिन्दी में लिखने, बोलने व व्यवहार में बहु-प्रचलित है, जैसे–अँग्रेजी, अरबी, फारसी, फ्रांसीसी आदि भाषाओं के शब्दों का भी समावेश यथास्थान किया गया है।

प्रस्तुत शब्दकोश में वर्तनी के रूप, मात्र कवर्ग और चवर्ग की मात्राओं में ही अनुस्वार (ं) का उपयोग किया गया है। शेष टवर्ग, तवर्ग और पवर्ग में, उस वर्ग के पंचम् वर्ण के हलन्त का उपयोग किया गया है। यथास्थान अनुनासिक (ँ) मात्राओं का भी समावेश किया गया है।

मूल्य : 450 रु.

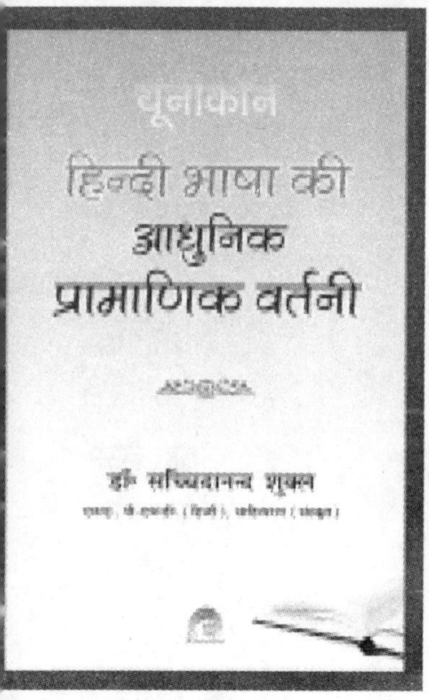

मूल्य : 125 रु.

'वर्तनी' शब्द का अर्थ है–हिज्जे, स्पेलिंग, बनान, विवरण आदि। किसी भाषा के अक्षरों को शब्द बनाने में, उसके लिखित शुद्ध अक्षर, मात्रा आदि को हिन्दी में वर्तनी कहा गया है।

हिन्दी भाषा के राष्ट्रव्यापी होने के कारण उसे देवनागरी लिपि में लिखते समय शुद्ध और मानक 'वर्तनी' की आवश्यकता पड़ी। 19 वीं शती के पूर्व हिन्दी भाषा की कोई मानक वर्तनी नहीं थी। जो जिस भाषा क्षेत्र में निवास करता था, उसी के अनुसार स्थानीय भाषा के शब्दों को ही 'मानक' मानकर प्रयोग करता था। इससे भाषा में बहुत गड़बड़ी हो रही थी।

इसी गड़बड़ी को दूर करने के लिए अनेक भाषाविदों, विद्वानों, लेखकों व प्रकाशकों का ध्यान गया और सबने अपने-अपने स्तर पर हिन्दी भाषा की मानक वर्तनी स्थिर करने के प्रयास किये, किन्तु आजतक बहुत-सी बातें सर्वमान्य नहीं हो सकी हैं।

प्रस्तुत पुस्तक में पूर्व के विद्वानों का उल्लेख करते हुए, उनके वर्तनी-निर्धारण को उल्लिखित करते हुए, उनसे कुछ ग्रहण करते हुए, कुछ अपनी मान्यता स्थापित करते हुए, हिन्दी भाषा की वर्तनी को एक मानक रूप देने का प्रयास किया गया है।

ज्ञासु पाठकों, विद्यार्थियों, प्रकाशकों, सम्पादकों व विद्वानों के लिए यह एक उपयोगी पुस्तक है।